Die Geheimlehre in der christlichen Religion

Nach den Erklärungen von Meister Eckhart

Franz Hartmann

Verlag Heliakon

Verlag Heliakon

Umschlaggestaltung: Verlag Heliakon

Druck und Vertrieb: BoD - Books on Demand, Norderstedt

ISBN: 978-3-949496-51-6

www.verlag-heliakon.de
info@verlag-heliakon.de

Die Deutsche Nationalbibliothek verzeichnet diese Publikation in der Deutschen Nationalbibliografie; detaillierte bibliografische Daten sind im Internet über www.dnb.de abrufbar.

Inhaltsverzeichnis

„Niemand kann Gott erkennen, der sich nicht selber erkennt.“
Eckhart.

Vorrede

Wer das Glück hatte, die seit undenklichen Zeiten existierende und neuerdings wieder von den indischen Adepten durch H. P. Blavatsky geoffenbarte Geheimlehre kennenzulernen, dem wird es bei einem Studium der deutschen christlichen Mystiker sogleich auffallen, dass die Grundzüge dieser Lehre auch in der christlichen Bibel enthalten sind und die Grundlage der Religionsgeheimnisse des Christentums bilden.

Diese Lehren werden aber nicht etwa deshalb „geheim" genannt, weil es verboten wäre, sie zu verkünden, sondern weil zu ihrem Verständnisse die Fähigkeit einer höheren Weltanschauung als der alltäglichen nötig ist. Wer die Aussicht auf einem hohen Berge kennenlernen will, der muss selbst den Gipfel ersteigen, wo der Horizont sich erweitert und kein Hindernis seinen Blick beschränkt; wer im dunkeln Tale bleibt, dem wird keine noch so genaue Erklärung ein klares Bild davon geben können, was auf jenen sonnigen Höhen dem freien Blicke sich offenbart.

Die folgenden Blätter sind daher nicht bloß dazu bestimmt, die Lehren des großen Meisters Joh. Eckhart in Kürze wiederzugeben und dem die Wahrheit suchenden Leser einen Einblick in die allen Religionen zugrunde liegende uralte Geheimlehre des Ostens zu gestatten, sondern ganz besonders ihn zu ermuntern, selbst jene Höhe zu ersteigen, wo er der eigenen Anschauung fähig wird. Die dabei im Wege stehenden Hindernisse sind die uns anerzogenen und angeerbten Vorurteile, bestehend aus verkehrten, angeblich wissenschaftlichen Meinungen, welche einer niedrigen sinnlichen Weltanschauung entspringen, und besonders die verkehrte Auffassung gewisser kirchlicher Dogmen, der eine äußerliche Beurteilung innerlicher und geistiger Erkenntnisfragen zugrunde liegt.

Diese Hindernisse können nicht durch eine bloße Verneinung hinweggeräumt, sondern sie müssen durch die eigene höhere Erkenntnis überwunden werden, und dadurch, dass man sie überwindet, werden sie zu Stufen, auf denen der Mensch zu jenen Höhen emporsteigt, wo das Licht der Gotteserkenntnis seinen Verstand erleuchtet.

Sich zu diesem höheren Standpunkte des Denkens und Erkennens emporzuheben, ist nicht jedermanns Sache, da die meisten

Menschen im Tale zu bleiben vorziehen, wo sie durch ihre Begierden, Neigungen und Leidenschaften an diese oder jene Dinge gebunden sind. Deshalb heißt es auch im I. Kor. H, 7: „Freilich tragen wir Weisheit für die Gereifteren vor; aber nicht Weisheit dieses Zeitalters und der Großen dieser Welt, welche zu nichts werden, sondern wir tragen Gottes geheimnisvolle und verhüllte Weisheit (ϑεοῦ δοφίαυ) vor, die Gott von Ewigkeit her zu unserer Herrlichkeit bestimmt hatte. Keiner von den Großen (Gelehrten) dieser Welt hat sie gekannt; denn hätten sie diese gekannt, sie würden den Herrn der Herrlichkeit nicht gekreuzigt haben."

Der Herr der Herrlichkeit, den die Menschen noch immer kreuzigen und ihrem Selbstwahne zum Opfer bringen, ist das eigene göttliche Selbst (Atma) und seine Erkenntnis ist die Gotteserkenntnis oder Theosophie, deren Lehren sich unter den deutschen Mystikern nirgends klarer und deutlicher ausgedrückt finden, als in den Schriften von Eckhart, dem Meister und Begründer der modernen Theologie.

Biografische Notizen über Meister Eckhart

So soll der Mensch, nachdem er sich zuerst wie der Schüler geübt, von dem in ihm wohnenden Gotte durchdrungen, in die Form des Gottes, den er liebt, umgewandelt und in ihm so befestigt sein, dass aus ihm ohne Mühe der Glanz des in ihm gegenwärtigen Gottes ausstrahle.
(Eckhart, 549, 20.)

Die wahre Mystik ist die Erkenntnis des dem Endlichen und Vergänglichen innewohnenden Unendlichen und Ewigen. Das theoretische Studium derselben ist nicht sein eigener Zweck; denn das bloße Wissen allein ist noch kein Besitz; es hat vielmehr den Zweck, dem menschlichen Geiste diejenige Richtung zu geben, durch welche er selber auf dem Wege der Ausübung diejenige geistige Kraft entfaltet, welche er nötig hat, um zur eigenen Erkenntnis der ihm innewohnenden göttlichen und unsterblichen Natur zu gelangen.

Unter allen deutschen Mystikern ist wohl keiner, der die Lehre von Yoga oder der Vereinigung mit dem jedem Menschen innewohnenden göttlichen Selbst so klar und deutlich dargestellt hat, als Johannes Eckhart, genannt der „Meister", welcher der großen Reformation in Deutschland den Weg geebnet hat. Es wird daher am Platze sein, ehe wir uns mit seiner Lehre beschäftigen, einen flüchtigen Blick auf das Leben dieses Mannes zu werfen, von dem es heißt: *Keiner seiner Vorgänger hat ihn an Tiefe des Geistes übertroffen, oder auch nur erreicht. Alle, die nach ihm gekommen sind, haben aus seinem Brunnen geschöpft; sie haben die Mystik kirchlicher und populärer gemacht, sie haben das Anstößige seiner kühnen Konsequenz hin wegzunehmen versucht; aber keiner hat wesentlich etwas Neues zu dem kühnen Bau hinzugetan.*[01)]

In der Tat sind viele dem Bischof Tauler und anderen zugeschriebene Schriften nichts anderes als Zitate und Abdrücke aus Eckharts Werken, welche, nachdem die Eckhartschen Schriften vom Papste verboten worden waren, unter den Namen anderer Mystiker veröffentlicht wurden.

Über den Ort und die Zeit seiner Geburt ist nichts Bestimmtes bekannt. Er soll vor 1260 in Straßburg geboren und schon um das Jahr 1280 ein Schüler des Albertus Magnus gewesen sein. Wir finden ihn zuerst im Jahre 1302 als einen hochberühmten Lehrer in Paris am Kollegium St. Jacob. Er gehörte dem Predigerorden an und hielt öffentliche Vorträge. Als ein Streit zwischen Bonifatius VIII. und Philipp IV. von Frankreich ausbrach, wurde er vom Papste nach Rom berufen, um sich mit ihm zu beraten. Bald darauf wurde er zum Prior der sächsischen Provinz seines Ordens ernannt. Die Vortrefflichkeit seiner Amtsführung bewog die Oberen seines Ordens, ihn im Jahre 1307 als Generalvikar nach Böhmen zu senden, um die dortigen Klöster nach eigenem Ermessen zu reformieren. In diesen hohen Ämtern lehrte und predigte Eckhart in vielen Teilen Deutschlands, in Österreich, in Straßburg, besonders aber und bis zum Schluss seines Lebens in Köln. Eine mächtige Bewegung der Geister ging von ihm aus, Gemeinden von Andächtigen sammelten sich um ihn. Er predigte besonders vor dem einfältigen Volke und vor den Nonnen in den Klöstern; in Köln wurde er das Haupt einer weitverzweigten Gemeinde.[02)]

Es war damals eine Zeit der Erregung der Gemüter, besonders in Deutschland. In weiten Kreisen war die religiöse Bildung des Volkes über die Schranken der Kirche hinausgewachsen. Viele, von einer Sehnsucht nach einem wahren heiligen Leben ergriffen, wollten sich nicht länger unter das Joch der blinden Dogmatik und des Priestertums beugen, man wollte selber Gottes Gnade empfangen und genießen, und sich nicht mit einem bloßen Glauben an die sich darauf beziehenden kirchlichen Theorien begnügen. In diesem Sinne traten fromme Vereine zusammen, denen es ernstlich um die Erlangung der Erkenntnis der Wahrheit zu tun war; sie wollten vom Narrenspiele der Welt zurückgezogen, ohne das Joch äußerlicher Regeln leben, im freien Vereine sich gegenseitig zur Andacht, Entsagung, zu Werken christlicher Nächstenliebe anregen. Sie bedurften der Priester nicht; die Erlangung der ewigen Seligkeit durch die Vermittelung anderer verwarfen sie im Prinzip.

Das Verhalten der Kirche diesen Gemeinschaften und Lehren gegenüber war lange Zeit ein schwankendes gewesen. Dass gesunde und echt christliche Motive der Bewegung zugrunde lagen, konnten auch der Papst und die Klerisei nicht verkennen, aber der priesterlichen Allgewalt drohte offenbar die schwerste Gefahr, wenn diese Richtungen mächtiger wurden; sie mussten also eingeschränkt oder unterdrückt werden, wenn es sich als unmöglich erwies, sie der Kirche oder der hierarchischen Gewalt dienstbar zu machen.

Damit begannen nun die Ketzerverfolgungen, welche bald so ausarteten, dass der Kirche jeder höhere Grad von Frömmigkeit schon als solcher verdächtig wurde. Nicht bloß für das bigotte und rohe Volk, für den Klerus selber war Frömmigkeit ein Gegenstand des Spottes und der Verachtung. Viele der Anklagen, die gegen diese „Ketzer“ geschleudert wurden, sind offenbar von dem Eifer der Ketzerrichter erfunden, und dass die Opfer derselben von einem heiligen Streben angetrieben wurden, dies bewies in den härtesten Verfolgungen, in Folterkammer und auf dem Scheiterhaufen ihre Standhaftigkeit. Allerdings artete auch diese neuere Richtung in manchen Fällen in unklare Schwärmerei aus; aber die in ihr enthaltene Wahrheit hat allen einzelnen ketzerischen Richtungen die Macht gegeben, inmitten aller Verfolgungen unvertilgbar auszudauern, bis sie in der Reformation in verklärter Gestalt eine feste kirchliche Organisation gewann.

Johann Eckhart besaß eine umfassende Gelehrsamkeit und war belesen nicht nur in der Bibel, sondern auch in den Werken der „Heiden“. Er sagt: *Ich habe viele Schriften gelesen, beides von heidnischen Meistern und Propheten, vom alten und vom neuen Bunde, und habe mit Ernst und ganzem Fleiß gesucht, welches die beste und die höchste Tugend sei.*

Eckharts Lehrweise hat mindestens bis zum Jahre 1307 keinen größeren Anstoß erregt. Dies beweist das Vertrauen, welches er in seinem Orden genoss. Von jenem Jahre an hören wir von ihm nur, wo von Maßregeln kirchlicher Verfolgung gegen ihn die Rede ist. Diese Verfolgung scheint jedoch für Eckhart zunächst keine weiteren Konsequenzen gehabt zu haben, wenigstens zeigen sich Spuren, dass er noch 1322 ungehindert in Straßburg gepredigt hat. Er kam dann als Prior nach Frankfurt am Main. Die letzten Jahre seines Lebens hielt sich Eckhart in Köln auf, als das Haupt einer Theologenschule, welcher Tauler und Suso angehörten. Er predigte in der Kirche seines Klosters und lehrte an der durch Albertus Magnus berühmt gewordenen Hochschule.

An das im Jahre 1325 zu Venedig abgehaltene Generalkapitel des Predigerordens gelangten schwere Anklagen, dass in der deutschen Ordensprovinz von einigen Brüdern in der Predigt vor dem gemeinen Volke Lehren vorgetragen würden, welche ungebildete Leute leicht zum Irrtum verführen könnten. Gervasius, Prior von Anjou, wurde mit der Untersuchung der Sache betraut. Wir erfahren dann, dass im Jahre 1326 auf dem Generalkapitel zu Paris der Prior der deutschen Ordensprovinz (Joh. Eckhart) abgesetzt wurde.

Je größere Erfolge die Lehrtätigkeit Eckharts hatte, umso größer wurde der Eifer seiner Gegner. Besonders tat sich darin der Erzbischof von Köln, Heinrich von Virnenburg hervor, welcher beim Papste Anklage gegen den Predigerorden erhob, und wenn Eckhart nicht als Ketzer verbrannt wurde, so ist dies nur dem Umstände zu verdanken, dass er beim Volke in so hohem Ansehen stand, dass man nicht wagte, sich ohne die äußerste Notwendigkeit an ihm zu vergreifen.

Im Jahre 1326 kam Eckhart vor das Gericht der Inquisition. Zu einem Widerrufe seiner Lehren verurteilt, erklärte er am 13. Februar 1327, dass er jeden Irrtum in der Lehre und jede Anstößigkeit im Lebenswandel, soweit es ihm möglich gewesen, immer verabscheut habe. Wenn deshalb irgendein Irrtum sich vorfinde, den er in der Vergangenheit geschrieben, gelehrt oder gepredigt, öffentlich oder heimlich, an irgendeinem Orte oder zu irgendwelcher Zeit, gerade heraus oder mittelbar, aus Unklarheit oder Widerspenstigkeit des Sinnes, so widerrufe er ihn hiermit ausdrücklich und öffentlich vor den Mitgliedern des Gerichtshofes allen insgesamt und vor jedem einzelnen, weil er solches von jetzt ab für nicht gesagt oder für nicht geschrieben angesehen wissen wolle.

Damit hat Eckhart nicht zugegeben, einen Irrtum gesagt oder geschrieben zu haben, und es ist deshalb auch nichts widerrufen worden. Wie es scheint, wurde er aber dennoch von dem Inquisitionsgericht zu einer Strafe verurteilt, denn er appellierte am 20. Februar gegen das Urteil der Inquisitoren an den Papst. Die darauffolgende Untersuchung nahm einen für Eckhart ungünstigen Verlauf; denn im Jahre 1328 erschien eine Bulle des Papstes gegen eine Reihe von Lehrsätzen, die aus Eckharts Schriften gezogen waren, weil sie „befremdlich, zweifelhaft, verdächtig und verwegen" lauteten. Solche verwegene und rätselhafte Sätze zu lehren sei gefährlich wegen der Heuchler beiderlei Geschlechts.

Im Anfange des Jahres 1329 starb Eckhart, und nun fiel mindestens die Rücksicht auf seine Person fort. Am 27. März 1329 erließ der Papst eine neue Bulle, welche 28 Sätze des Meisters als ketzerisch oder der Ketzerei verdächtig bezeichnete und als solche verwarf, und sie einem allzu heißen Drange nach Erkenntnis zuschrieb, der sich nicht in den vorgeschriebenen Glaubenssätzen habe genügen lassen.

Das heißt mit anderen Worten, dass Eckhart ein Mann war, der es wagte, selber zu denken und seine Augen dem Lichte der Erkenntnis zu öffnen, anstatt mit der Wahrheit verschlossenen Augen in blindem Glauben an Dogmen zu hängen. Gegen den persönlichen Charakter dieses Mannes muss nichts einzuwenden gewesen sein, da trotz der kirchlichen Verdammung über den Gefallenen ihm nichts Schlimmeres nachgesagt wurde.

Inmitten der heftigsten Verfolgungen war Eckhart gestorben. Noch über sein Grab hin rief der Papst seinen Verdammungsruf. Aber die Gedanken Eckharts waren damit nicht tot, sie gewannen erst jetzt rechtes Leben. Begeisterte Schüler trugen sie in die Welt hinaus, und obgleich von der Kirche Verstößen, blieb Eckhart der Meister, zu dem sich viele der edelsten, frommsten und geistvollsten Männer ohne Scheu bekannten. Nun wurde Eckhart „der Meister" für ein ganzes Geschlecht von Theologen; er heißt der große, der hohe, der selige, der göttliche Meister, dem Gott nie etwas verbarg. Man zitierte seine Aussprüche, und Sammlungen derselben gingen von Hand zu Hand. Suso spricht von ihm als demjenigen, der ihn von den Anfechtungen, Zweifeln und Ängsten seiner Seele befreit hat, er sieht ihn in Visionen umstrahlt von dem Lichte der Verklärung und hört seine Versicherung, dass ihm die volle Anschauung des göttlichen Lichtes nach dem Tode zu teil geworden sei. Nun erst gewinnen die Gedanken des Meisters Macht über die Nation. Die begeisterten Schüler breiten sie aus und entzünden durch gewaltige Predigt auch die trägen Herzen. So gestalten seine Schüler auf Eckhartischer Grundlage die deutsche Mystik als ein spezifisches Gut der deutschen Nation.

Aber auch des Meisters Schriften haben weiter gewirkt. Man wird ihnen wohl, dem Befehle des Papstes gehorchend, nachgespürt und viele derselben vertilgt haben; aber viele auch sind der Verfolgung entgangen. Als kostbarer Besitz wanderten sie im Verborgenen von Hand zu Hand. Natürlich, dass sie oftmals nicht mit dem Namen des Verfassers bezeichnet waren und dass Eckharts Schriften zuweilen unter anderen Namen gingen. Man wurde nicht müde, sie abzuschreiben, Auszüge aus ihnen zu machen, wichtige Betrachtungen herauszuheben und Stellen von ihnen anderen Büchern einzuverleiben.

So kommt es denn, dass sich die Gelehrten heute noch darüber streiten, ob dieser oder jener Satz von Eckhart oder von einem anderen geschrieben worden sei, uns bekümmert es aber absolut gar nicht, ob eine Wahrheit von diesem oder jenem Menschen verkündet worden ist; es handelt sich um nichts anderes, als dass es Wahrheit ist und dass wir sie erkennen. Weder Eckhart noch Tauler noch irgendein anderer hat das Verdienst, eine neue Wahrheit verfertigt oder erfunden zu haben, und was irgendein Philosoph des Mittelalters oder der Neuzeit entdeckt zu haben meint, das haben andere schon Jahrtausende früher gesehen.

Auch haben sich Lasson und andere vergeblich bemüht, die ewige Wahrheit, wie sie Eckhart dargelegt hat, in ein System zu zwängen. Vergebliche Mühe! Es ist nun einmal die Natur des Unbeschränkten, dass es sich nicht zergliedern und klassifizieren lässt; denn da bedingt der Anfang das Ende, das Ende den Anfang; da ist in der Tat weder Anfang noch Ende, sondern nur ein einziges Ganzes, das man wohl von verschiedenen Seiten betrachten, aber nicht in Teile, die es ja nicht hat, zergliedern kann. Es ist da nicht wie in der Chemie, wo aus zwei Verbindungen eine dritte entsteht, es ist da entweder alles auf einmal oder nichts da.

Das Dasein des Glaubens ist bedingt durch das Vorhandensein der Liebe, die Liebe ist bedingt durch die Erkenntnis, die Erkenntnis durch den Gehorsam, der Gehorsam durch den Glauben; es ist das Ganze eine Kette, die sich nicht zergliedern lässt, es sind alles mystische Kräfte, die im Grunde genommen nur eine sind, und die man selber haben muss, um sie zu begreifen.

Sie entstehen nicht, sie offenbaren sich bloß und sind nur verschiedene Seiten einer einzigen Offenbarung, die sich nicht in Stücke zerlegen und klassifizieren lässt, und die man deshalb den Philosophen nicht mundgerecht machen kann. Spricht man von der Erkenntnis, so ist damit die Ergebung gemeint, die Ergebung aber ist die Vereinigung und diese die Abgeschiedenheit, und die Abgeschiedenheit ist die Heiligung und die Heiligung ist die Erkenntnis; es gibt da keinen Unterschied als denjenigen, den man sich selber macht; es dreht sich da das Ganze um nichts anderes, als um das ewige Sein, und dieses beruht auf nichts anderem, als auf sich selbst.

Die Wahrheit, von der Eckhart sprach, ist noch immer dieselbe, welche vor Jahrtausenden durch den Mund der Weisen sprach, dieselbe, welche Buddha und Pythagoras und viele andere lehrten, und welche in den uralten Veden der Inder zu finden ist. Das Wort Gottes spricht noch immer dasselbe, was es am Anfange gesprochen hat, und was es durch den Menschen spricht, beruht nicht auf diesen oder jenen Voraussetzungen und Theorien, sondern auf Wahrheit, weil das Wort Gottes im Herzen des Menschen die Wahrheit ist.

Da aber jeder Mensch diesem Worte denjenigen äußeren Ausdruck verleiht, welcher seiner Natur angemessen ist, so wie das Wasser, wenn es in ein Gefäß gegossen ist, die Form des Gefäßes annimmt, so ist auch die Ausdrucksweise, welche die Weisen gebrauchen, um eine und dieselbe Wahrheit auszudrücken, der Form nach die eine von der anderen verschieden; und was uns in der Redeweise des einen unverständlich ist, mag uns, in der Art eines anderen ausgedrückt, verständlich sein. Aus diesem Grunde mag es zweckdienlich sein, die Lehre der Wahrheit, wie sie Eckhart erklärt, mit den Lehren derselben Wahrheit in den Upanischaden zu vergleichen.

Yoga

Yoga ist die Herrschaft über sich selbst.
(Patanjali.)

Tue alles weg von dir, was nicht Gott ist, und es bleibt dann nur noch Gott übrig.
(Meister Eckhart.)

Es kann keine höhere “Wissenschaft geben, als diejenige, welche die Wahrheit im ganzen Weltall umfasst. Diese Wissenschaft wird aber nicht in den Hörsälen unserer Akademien gelehrt, und die Unendlichkeit ist auch dem beschränkten Menschenverstande unbegreifbar; da aber die allen Erscheinungen zugrunde liegende Wahrheit nur eine einzige ist, so kann sie der Geist auch erkennen, sobald er sich über die Beschränktheit erhebt und sich selbst als eins mit der Wahrheit erkennt.

Die Wahrheit ist die allen Dingen oder Erscheinungen zugrunde liegende Wirklichkeit, die wahre Wesenheit von allem in ihrer Vollkommenheit, deren Offenbarung die Welt der Erscheinungen ist, welche wir sehen, wie auch derjenigen Formen, die für uns unsichtbar sind.

Dieses wirkliche, alleinige, allgegenwärtige, unerschaffene, selbstexistierende Wesen ist Gott, und die Vereinigung des Menschen mit Gott wird Yoga (von yog, sanskr. = binden) genannt.

Die Yoga-Lehre ist somit die Lehre von der Vereinigung mit Gott, oder, was dasselbe ist, „der Weg zu Christus“, dem Gottmenschen, der im Herzen von allen wohnt. Sie ist die höchste von allen Lehren, sie lehrt den Weg zur Freiheit, Erlösung und Vollkommenheit. Wer Herr über sich selbst geworden ist, der ist unabhängig von allem. Deshalb sagt auch die Bhagavad Gita:

„Wer mich, den mächtigen Herrn der Welt, der ich ungeboren und ohne Anfang bin, erkennt, der wandelt ohne Irrtum unter den Sterblichen und ist frei von Sünde.“ (Kap. X, vol. 3.)

Das Wort „Yoga“ stimmt überein mit dem Worte „Religion“ (von *religere*, lat. = zurückbinden) in seiner ursprünglichen und wahren Bedeutung. Beide Ausdrücke beziehen sich auf das unsichtbare Band, welches den Menschen mit Gott, d. h. die menschliche Erscheinung mit dem ihr zugrunde liegenden wahren göttlichen

Wesen verbindet; die wahre Religionslehre ist die Lehre, welche uns den richtigen Aufschluss gibt über die Beziehungen, in welchen die Seele des Menschen zu ihrem eigenen göttlichen Ursprunge steht, welcher zugleich das höchste Endziel ihrer Bestrebungen ist, und sie gibt die Mittel an, wie der Mensch wieder zu dieser verloren gegangenen göttlichen Selbsterkenntnis gelangen kann. Ob die moderne Religion dies tut, diese Frage mag sich jeder selber beantworten.

Die Yoga-Lehre zeigt uns den Weg zum wahren Sein. Sie ist keine bloße Morallehre; sie rät dem Menschen sein ewiges Leben nicht in einem anderen äußeren Menschen, sondern in sich selbst zu suchen und selbst zu diesem höheren ewigen Leben zu erwachen; sie verlangt keinen blinden Glauben an diese oder jene Meinung, sondern das Aufgehenlassen der Erkenntnis im eigenen Innern. Die Religion des Alltagsmenschen, insofern sie nicht auf Aberglauben beruht, ist ein ethisches System. Sie gibt uns gewisse Regeln und Vorschriften und sucht uns durch Versprechungen und Drohungen zu bewegen, dieselben zu befolgen; sie appelliert an unsere Selbstsucht und unseren Eigennutz, an unsere Furcht vor persönlichem Nachteil im „Jenseits", gerade so wie das Strafgesetzbuch an unsere Furcht vor persönlichem Nachteil im „Diesseits" sich richtet, während alles dies der Yoga-Lehre geradezu entgegengesetzt ist; denn diese erfordert völlige Selbstlosigkeit, völlige Freiheit von allen Begierden nach Belohnung oder Furcht vor Strafe, ein völliges, selbstloses Aufgehen in Gott, in der Liebe zum Ganzen, welche die Selbsterkenntnis der Einheit im Ganzen ist und sie verlangt dies nicht mit Berufung auf irgendein Versprechen oder eine Drohung, sondern sie gibt uns die wissenschaftlichen Gründe dafür an. Sie ist kein dogmatisches, künstlich gemachtes Religionssystem und keine philosophische Spekulation. Sie stützt sich auf keine Theorien oder Schlussfolgerungen, Überlieferungen oder äußere „Offenbarungen" oder Mitteilungen von anderen; sie ist von niemanden ersonnen, verfertigt, erdacht oder erfunden; sie ist keines Menschen Werk, sondern eine hohe und heilige Wissenschaft, deren Grundlage die eigene Erfahrung und Selbsterkenntnis ist; sie hat nichts mit Visionen und Träumereien zu tun, sondern ist das Resultat von einem geistigen Erwachen zu einem höheren Bewusstsein, einer Auferstehung durch den „mystischen Tod" zu einer höheren Daseinsform.

Diese Yoga-Lehre bildet aber nicht nur das Wesen der indischen Weisheitslehre, sondern sie ist auch die Grundlage und der

Gipfelpunkt alles wahren Christentums, wenn sie auch nur verhältnismäßig wenigen Theologen bekannt ist. Dasjenige, was die große Menge nicht fassen kann, ist für sie ein Geheimnis. Auch wurden die auf die tiefsten Wahrheiten der Religion sich beziehenden Lehren zu allen Zeiten als heilige Geheimnisse bewahrt, und nur den Würdigen mitgeteilt; die Yoga-Lehre, die heiligste von allen, war stets nur den Eingeweihten bekannt. Sie wurde von den indischen und ägyptischen Priestern sorgfältig bewahrt; sie war die Grundlage der „Mysterien" der Griechen und Römer; sie ist in der „Geheimlehre" der Adepten enthalten; ihr Grundsatz aber ist, dass der Mensch und Gott Eins in ihrem Wesen sind und dass der Mensch, wenn er zur Gotteserkenntnis gelangt, sich selber als Gott erkennt, oder wie es der christliche Mystiker Joh. Scheffler (Angelus Silesius) ausdrückt:

Von Gott wird nichts erkannt, er ist ein einzig Ein; Was man von ihm erkennt, das muss man selber sein.

Dies ist freilich eine Lehre, die nicht jeder begreifen kann, und es ist auch heute noch bedenklich, sie jedermann mitzuteilen, da der Thor, welcher von Gotteserkenntnis nichts weiß und selber nichts in Wahrheit ist, sich dadurch in seinem Eigendünkel leicht hinreißen lassen könnte, sich einzubilden, dass er selber Gott sei. Deshalb finden sich Ermahnungen zur Verschwiegenheit in allen Schriften, die von der Yoga-Lehre handeln. Unter anderen sagt auch der Verfasser des Oupnekhat („Das zu bewahrende Geheimnis"):

Du sollst nicht in schlechter Gesellschaft sitzen und dieses Geheimnis dem aufdringen, welcher kein Verlangen darnach hat; doch endloser Lohn wird dem zuteilwerden, welcher, nachdem er sein Inneres und Äußeres rein gemacht hat, denen, welche die Wahrheit suchen, dieses Wissen mitteilt, und es zu glücklicher Stunde auch dem Nichtsuchenden zu Gehör bringt. (Oupn., Kioni III.)

Das Geheimnis der Sache liegt aber nicht sowohl darin, dass diese Lehre verheimlicht wird; denn in der Tat wird sie jedem, der reif dafür wird, von selbst offenbar, sobald er zur wahren Erkenntnis gelangt, sondern vielmehr darin, dass zu ihrem Verständnis eine höhere geistige Kraft als die gewöhnliche Gehirntätigkeit des im Finstern tastenden und nach Beweisen suchenden Weltgelehrten oder Theologen gehört.

Aus zwei Teilen besteht das Wissen, aus dem kleinen und dem großen. Kleines Wissen ist das Erlernen der Sprache, der Arithmetik, Astronomie, der zum Ackerbau, zur Schifffahrt, zur

Erbauung der Häuser (Systeme) *und zu dem anderen notwendigen Wissenschaften. Dies ist das kleine Wissen. Das große Wissen ist jenes, durch welches sie zum Wesen gelangen, welches Form der Ewigkeit, der Unzerstörbarkeit und der Unwandelbarkeit ist. Beim Nachdenken über jenes Wesen sollst du „an einem stillen Platze sitzen", wo kein Durchgang ist und deine Aufmerksamkeit nicht zerstreut wird. Aus der Lauterkeit deines Herzens baue um dich eine Mauer auf, und wisse, dass Atma dich von allen Seiten beschützt.* (Oupnekhat, Ambrat Nad.)

Aber nicht nur in den Bibliotheken des Vatikans, in den wenigen zugänglichen Upanishaden, oder in den alten Scharteken der Mystiker und Alchemisten ist diese Yoga-Lehre enthalten; sie teilt sich von selber jedem mit, der edel genug ist, um sie zu empfangen und fähig ist, rein und erhaben zu denken. Deshalb durchweht ihr Geist alle wahre Poesie; so z. B. lehrt Schiller Yoga, wenn er sagt:

> Nehmt die Gottheit auf in eurem Herzen,
> und sie steigt herab vom Weltenthron.

Noch klarer und deutlicher finden wir sie in Rückerts Lehrgedichten, wo es, um ein Beispiel anzuführen, heißt:

> Ich, der Gefangene, der mit seinen Ketten spielt,
> Der blinde Schütze, der nach hohem Ziele zielt;
> Der Geistern anverwandt, ans Tier gebundene,
> Sich selber suchend, stets sich selbst entschwundene,
> Der nicht weiß, was er ist, war oder werde sein;
> Was wär' ich denn, wenn ich nichts wär' als ich allein?
> Ich bin auch du, weil du das bist, was in mir ist;
> Ich bin mehr als ich bin, weil du mein alles bist.

Am wenigsten von der Yoga-Lehre und am wenigsten Wahrheit aber findet man in der modernen spekulativen Philosophie; denn da handelt es sich um keine eigene Erkenntnis, sondern nur um einen Vergleich von allen möglichen Meinungen, Theorien, Hypothesen und Voraussetzungen, um sie in irgendein System einzupassen und dem beschränkten irdischen Verstande mundgerecht zu machen; da geht der Philosoph um die Wahrheit herum, wie die Katze um den heißen Brei; er hat keine Lust, davon zu essen, er will nur seine Neugierde befriedigen, um die Welt glauben zu machen, dass er wisse, was die Wahrheit sein müsste, wenn man sie hätte. Am allerwenigsten aber ist in dem modernen Scheinchristentum eine wahre Selbsterkenntnis zu finden, denn insofern dasselbe nicht zur bloßen Modesache herabgesunken ist und aus Windbeutelei besteht, hindert dort der verkehrte Glaube an das Äußerliche, die Erkenntnis der Wahrheit im Innern.

Wollen wir die Wahrheit im Christentum finden, so dürfen wir sie nicht an der Oberfläche desselben, wo alles Schein ist, suchen, sondern wir müssen in dessen verborgene Tiefe hinabsteigen, in die nur der Blick des geborenen Mystikers dringt, und zwar muss er dies selber tun und sich auf keinen anderen verlassen; denn selbst die beste Yoga-Lehre kann ihm keine Erkenntnis schaffen, wenn die Erkenntnis ihm nicht wird; sie kann ihm nur den Weg zeigen, den er zu gehen hat; das Gehen muss er selber besorgen. Könnte man die okkulten Lehren der Mystik dem irdischen Verstande, der sich nicht über die Selbstsucht zu erheben vermag, begreiflich machen, so wäre es weder mystisch noch okkult. Wie sich der Sinn eines Musikstückes nicht in dürren Worten wiedergeben oder beschreiben lässt, so ist es auch mit der Mystik. Nur Gleiches kann Gleiches begreifen. Wem das Wahrheitsgefühl im Herzen lebendig ist, der wird in den geheimen Sinn der Lehre eindringen, wer dies nicht hat, der findet sich darin nicht zurecht; deshalb sind auch die meisten gelehrten Kommentare zu den deutschen Mystikern für jeden, der einen Funken wahrer Erkenntnis hat, widerlich, wenn nicht geradezu ekelerregend. Da das eigene Wissen dieser Kommentierer aus nichts als zusammengelesenen Theorien und Spekulationen besteht, so wissen sie auch von nichts anderem; sie halten die Wahrheit, welche erleuchtete Männer durch eigene Anschauung erkannten, für ausgesonnene „Postulate“ und postulieren und kritisieren dann tapfer drauf los, ohne zu bedenken, dass, wer die Werke eines Adepten kritisieren will, erst selbst ein Adept werden muss, um sie zu begreifen. Deshalb haben auch alle Abhandlungen über die Werke der Mystiker, wenn sie selbst vom Oberkirchenrate beglaubigt, aber nicht aus dem „heiligen Geiste“, dem Geiste der Wahrheit, geschrieben wären, für den Verständigen absolut keinen Wert.

Die Mystik ist dasjenige Wissen, welches nicht der intellektuellen Klügelei, sondern der geistigen Erkenntnis entspringt; wer Gott sehen will, muss ihn nicht in künstlich zusammengesetzten Worten, sondern im Geiste und in der Wahrheit erforschen.

Das Vergängliche im Menschen nimmt das Vergängliche in der äußeren Natur, das Ewige im Menschen nimmt das, was im Universum unvergänglich ist, wahr; das Dasein des einen bedingt das Dasein des anderen:

> Die Ewigkeit begreift die Ewigkeit allein;
> Was in mir Ew'ges denkt, das muss unendlich sein.
> (Rückert.)

Wenn von geistigen Dingen die Rede ist, so stellt sich der materielle Verstand, der sie nicht begreifen kann, etwas Verkehrtes darunter vor; deshalb beginnt schon mit der bloßen Erwähnung von Worten wie „Gott", „Erkenntnis", „Glaube" usw., die babylonische Sprachen Verwirrung; der beschränkte Verstand stellt sich unter „Gott" etwas Beschränktes vor und schilt denjenigen einen Pantheisten, der von Gottes Allgegenwart spricht; der mit Meinungen großgezogene und aufgeblähte „Verstand", welcher keine wahre Erkenntnis hat, stellt sich unter „Glauben" das Festhalten an irgendeiner Meinung vor, die man entweder vom Hörensagen kennt, oder sich selbst aus Mondschein verfertigt hat usw. So war es vor Tausenden von Jahren und so wird es auch noch lange Zeit bleiben. Neben dem großen Wissen wächst das kleine Wissen, neben jedem einfältigen Weisen ein vielseitig gelehrter Narr; wo ein Pythagoras ist, da ist auch ein Aristoteles nicht weit weg. Sagt doch Empedokles schon:

Nimmer mit Augen zu schaun ist der Gottheit ewiges Wesen;
Niemand nahet sich ihm, noch kann man mit Händen es fassen,
Wie es die Menge vermeint auf breiter Strasse des Wähnens.
Gott ist heiliger Geist, ganz unaussprechlich dem Menschen,
Ist durcheilend das All, das allbewegende Denken.

Das hindert aber nicht, dass sich noch heutzutage Gelehrte und Theologen in die Haare geraten, weil jeder meint, dass seine Definition von „Gott" die richtige, und die des andern die unrichtige sei; der „gebildete Kulturmensch" aber, der bereits auf dem Standpunkte angelangt ist, zu glauben, dass es nichts gäbe, was er nicht weiß, schließt folgerichtig, dass es keine Wahrheit gäbe, weil er nichts von ihr weiß.

Dasjenige, was uns an der wahren Erkenntnis hindert, ist nicht die Nichterkenntnis oder die Unwissenheit; denn das Nichterkennen ist immer da, bevor die Erkenntnis kommt. Das, was uns hindert, sind die selbst gemachten falschen Begriffe, welche wir für Erkenntnis halten, und welche erst vernichtet werden müssen, ehe die Erkenntnis zustande kommen kann. Würden wir uns von gar nichts selbst eine Vorstellung machen, so könnte sich die Wahrheit uns selbst so vorstellen, wie sie ist; wie man ja auch auf eine leere Tafel viel deutlicher schreiben kann, als auf eine, die bereits vollgeschrieben ist.

Wer gar keine Weltanschauung besitzt, der kann viel leichter zu einer richtigen Weltanschauung kommen, als wer eine falsche besitzt. Deshalb sind auch die Gelehrten in der Regel die letzten, welche die Wahrheit erkennen. Das Sprichwort sagt:

„Je gelehrter, desto verkehrter", vorausgesetzt, dass der Gelehrte eine verkehrte Gelehrtheit besitzt. Da nun bei uns heutzutage beinahe jedermann von den Worten, die sich auf geistige Dinge beziehen, anerzogene falsche Begriffe hat, so ist es zweckdienlich, uns nach dem Osten zu wenden, wo alle geistige Lehre ihren Anfang nahm, und wo wir dieselben Wahrheiten, welche uns die christlichen Mystiker verkünden, in anderen Worten, aber in solchen, mit denen wir noch keine falschen Begriffe verbunden haben, wiederfinden. Dadurch werden uns dann auch leichter die dunkeln und sich oft scheinbar widersprechenden Redensarten der deutschen Mystiker klar.

Es gibt nur eine einzige ewige Wahrheit und nur eine einzige Erkenntnis derselben, die Weisheit; aber die Lehre, welche sie mit sich bringt, kann in verschiedenartiger Form dargestellt werden; sie spricht sowohl zum Gefühl als auch zum Verstand. Die deutsche Mystik, der es an klaren Worten für ihre Begriffe fehlt, könnte mit der Musik verglichen werden, welche nur zum Herzen spricht, die Wissbegierde aber unbefriedigt lässt. Die indische Mystik ist reich an den nötigen Worten; sie liefert nicht bloß die Musik, sondern auch noch den erläuternden Text dazu.

Dieser Text ist seiner Natur nach wohl zu unterscheiden von demjenigen, welchen die Gelehrten und Theologen liefern, welche keine Mystiker sind und keine Selbsterkenntnis besitzen. Die Behauptungen der Letzteren beruhen auf Theorien und Spekulationen, und wenn auch mitunter in ihnen zerstreute Körner von Wahrheit enthalten sind, so gleichen sie doch den Beschreibungen von Träumen, die sich für den Betreffenden noch nicht verwirklicht haben, während der erleuchtete Mystiker uns seine eigenen Erlebnisse erzählt, und weil er sie selber erlebt hat, braucht er auch nach keinem weiteren Beweise zu suchen, um sich von ihrer Wahrheit zu überzeugen. Dass er sein wahres Dasein erkannt hat, ist ihm Beweis genug, dass es da ist. Und wie ein und dieselbe Lehre von denjenigen ausgeht, die sich selber gefunden haben, so liegt auch der Wahrheitsbeweis für denjenigen, der sie liest oder hört, in nichts anderem, als dass er sich selber findet. Findet er sich in Wirklichkeit selbst, so hat sich die Wahrheit in ihm verwirklicht, alle anderen „Beweise" sind wertlos.

> Am Dinge zweifeln kannst du, was und ob es sei,
> An deinem Ich fällt dir gewiss kein Zweifel bei.
> Dies ist der Ausgangspunkt. Sei deiner nur gewiss,
> Zu allem Wissen kommst du so ohn' Hindernis.
> (Rückert.)

Nimmt man ein modernes Buch in die Hand, das von einem Mystiker oder Philosophen handelt, so ist in der Regel das erste, was man erblickt, eine Diskussion, ob derselbe dieser oder jener „Schule“ angehört habe, ob er ein Pythagoräer, Hegelianer, Schopenhauerianer usw. gewesen sei. Da sollte man wirklich glauben, dass es bei einem Philosophen die Hauptsache sei, dass er keinen eigenen Verstand hätte, und dass alle Philosophie in dem gläubigen Nachbeten von dem, was einem vorgebetet wurde, besteht; die wahre Philosophie (von philo = lieben und sophia = Weisheit) besteht aber nicht darin, dass man in die Meinungen eines anderen Menschen verliebt werden soll, sondern dass man sich selbst in der Wahrheit findet, selber die Wahrheitserkenntnis erlangt. Deshalb gehört auch der wahre Mystiker keiner anderen „Schule“ an, als der „Schule des heiligen Geistes“, d. h. des Geistes der göttlichen Selbsterkenntnis, „wo der Himmel (das wahre Selbstbewusstsein) das Schulhaus, das Buch ein lauteres Herz, die Ewigkeit die Lektion, das ungeschaffene Licht der Lehrmeister ist; wo man nicht außer sich zu suchen hat, was einen zur ewigen Seligkeit fördert, sondern alle Wahrheit in einem in sich erlebt.“ (Eckhart 616, 2.) Deshalb sagt auch der gewiss nicht der Ketzerei beschuldigte Thomas von Kempen:

„Wohl dem, den die Wahrheit durch sich selbst belehrt, nicht durch vergängliche Bilder und Worte, sondern, so, wie sie ihrem Wesen nach ist.“ (Nachfolge Christi, III, 1.)

Yoga ist das Sichwiederfinden in Gott. Die Yoga-Lehre ist die Lehre des Weges, den der Mensch wandeln muss, wenn er sich im wahren Sein wiederfinden will. Vielleicht lassen sich die Hauptpunkte der Yoga-Lehre in folgende sieben Gruppen zusammenfassen. Diese Punkte sind keine Theorien oder „Postulate“, auch keine auf äußerer Offenbarung beruhenden Dogmen, sondern Tatsachen, deren Erkenntnis der innerlichen Erfahrung (Yoga) entspringt[03)].

I. Die Gottheit (Parabrahm). Das beziehungslose, nicht offenbare, unbeschränkte, eigenschaftslose Nichtoffenbare, das Absolute, die ewige Einheit und unbewegliche Ruhe, das Nichts, in dem alles enthalten ist, der bodenlose Abgrund alles Seins; das Nichtsein, in welchem das Dasein seinen Ursprung hat, die Ewigkeit. *Am Anfange eines Schöpfungstages geht das gesamte geoffenbarte All aus dem Nichtoffenbaren* (Zustände) *hervor, und es verschwindet in ihm der der Nichtoffenbare genannt wird, beim Anbruche der Nacht.* (Bhagavad Gita, Kap. VIII, 18.)

II. Gott (Brahma). Das unpersönliche, alleinige Grundprinzip im Weltall, die Quelle, die Ursache, die Wahrheit, Wirklichkeit und das Wesen von allem, aus dessen Substanz alles entspringt und in welche alles zurückkehrt; das eine wahre, vollkommene Sein; das Leben, Bewusstsein, Vernunft, die Seele von allem in ihrer Vollkommenheit; dasjenige, was alles erschafft, erhält und verändert. *Ich bin die Seele, welche im Herzen eines jeden Geschöpfes ihren Sitz hat. Ich bin der Anfang, die Mitte und das Ende von allem. Das ganze Weltall ist durch mich entfaltet worden, vermöge meiner substanziellen Natur. Alle Dinge wohnen in mir. Mein Geist* (Atma) *ist der Träger von allen Dingen, aber er ist nicht in ihnen eingeschlossen.* (Bhagavad Gita, X, 20 bis IX.)

III. Das Weltall ist die Offenbarung der Wahrheit. Alles, was wir darin sehen, gehört dem Reich der Erscheinungen an. Täuschungen entstehen dadurch, dass der Mensch die Gottheit, welche in allen Dingen verborgen ist, nicht erkennt, und die Erscheinung eines Dinges für dessen wirkliche Wesenheit hält. *Die Wesen in dieser Welt lassen sich durch die Täuschung der Gegensätze bethören, welche aus Begierde und Abscheu entspringen.* (Bhagavad Gita, X, 15.)

IV. Der Mensch ist eine dieser Erscheinungen oder Offenbarungen, und als Ganzes im Ganzen ist auch in ihm alles enthalten, was im Ganzen enthalten ist. Aber er hat das vor anderen Geschöpfen voraus, dass er vermöge seiner höheren Organisation befähigt ist, das wahre Wesen (Gott) in sich selbst zu erkennen. Die Erlangung dieser Selbsterkenntnis wird Yoga genannt. *Durch das Eingehen in mich erlangt der Weise meine eigene Selbsterkenntnis, mein Wesen, meine Wirklichkeit, mein Sein, meine Größe, und wenn er mich in der Wahrheit gänzlich erkennt, so ist er auch gänzlich in mir.* (Bhagavad Gita, XVIII, 55.)

V. Yoga besteht somit in der Überwindung der Täuschung, welche im Menschen den Wahn verursacht, dass er ein von Gott wesentlich verschiedenes Wesen sei, und infolgedessen er sich nicht selbst als das, was er wirklich ist, erkennt.

> Den Schein, der zwischen dir und Gott steht, räume fort,
> Und einfällt Raum und Zeit, dein Hier ist ewig dort.
> (Rückert.)

VI. Reinkarnation. Solange aber der Mensch nicht zu dieser Selbsterkenntnis gelangt ist, hat er auch kein selbstständiges, selbstbewusstes, wirkliches Dasein, sondern ist nur ein Scheinwesen, und dieses Scheinwesen erneuert sich immer wieder und tritt auf in neuer materieller Form; mit andern Worten, die Elemente (Geist, Selbstbewusstsein, Materie etc.), welche den Menschen bilden, treten nach dem Tode der Persönlichkeit wieder in neuen persönlichen Erscheinungen auf, sodass „die Seele" des einzelnen (nicht aber seine „Person") aus dem subjektiven Zustande immer wieder ins objektive Dasein kommt (die Seele sich reinkarniert), bis dass der Mensch auf dem Wege der Erfahrung zur Selbsterkenntnis und dadurch zur Unabhängigkeit von allem, zum wahren Dasein gelangt.

Wie ein Mensch, der seine alten Kleider abgelegt hat, ein neues Gewand anzieht, so offenbart sich die Seele, nachdem die zerrissenen Gewänder abgelegt sind, wieder in neu sich bildenden Leibern. (Bhagavad Gita, II, 22.)

VII. Nirvana ist derjenige Zustand, in welchen der Mensch gelangt, wenn er in die Gottheit selbst (ins Absolute) eingeht, und worin er aller Selbstsucht und damit aller daraus entspringenden Begierden ledig wird. Er ist dann selbst alles in allem und hat nichts mehr zu wünschen; er ist selbst die Ruhe und ewige Seligkeit.

Er ist das Licht in allen Dingen, die Licht haben, und über alles Dunkel erhaben. Er ist das Erkennen, der Erkenner und auch der Gegenstand seiner Erkenntnis, der im Herzen von allem wohnt, der keinen Anfang hat und weder Sein noch Nichtsein genannt werden kann. Über alle Wesen erhaben, wohnt er dennoch in allen; in sich selbst unbewegt, bewegt er sich in seiner Natur. (Bhagavad Gita, XIII, 17, 15.)

Die „Beweise" für obige Punkte wird schwerlich irgendjemand in Büchern finden; wohl aber kann sich jeder durch ein Eingehen in die Tiefe seines Bewusstseins und durch Selbstbeobachtung davon überzeugen, ob das Gesagte richtig ist oder nicht; denn jeder Mensch wurzelt selbst im Absoluten und trägt die Gottheit in sich; er kann bis in den tiefsten Grund seiner Seele dringen und von dort wieder nach dem Äußern steigen. Dadurch lernt er sich und die Welt kennen, denn er ist selbst im Kleinen ein Bild des ganzen Großen.

Du wirst die Welt in dir nicht mehr die kleine nennen,
Wenn du das Göttliche im Menschen wirst erkennen.
Klein ist und eng, was Zeit und Raum nennt seine Schranke,
Nur göttlich weit ist ein gottfassender Gedanke.
Umringt von einem Meer verkörperter Gedanken,
Empfindest schrankenlos du dich in Körperschranken.
(Rückert.)

Selig sind, heißt es in der Bibel, *die reinen Herzens sind, denn sie werden Gott schauen.* Der mit täuschenden Bildern belebte Spiegel der Seele kann das Licht der hohen Göttersonne nicht in seinem ungetrübten Glanze reflektieren. Es wird aber schwerlich jemals einen Menschen gegeben haben, der diese Reinheit des Herzens in einem einzigen Dasein auf Erden erlangt hat, und da es sich nicht um ein Nichtwissen des Falschen, sondern um dessen Kenntnis und Überwindung handelt, so ist der Irrtum und die Sünde die eigentliche Grundlage aller Erkenntnis, und die wiederholten Reinkarnationen dienen dazu, den Menschen nach und nach durch Erfahrung zur Unterscheidung zwischen Wahrheit und Täuschung und zur Überwindung des Irrtums zu führen.

Da der individuelle Mensch in jeder Wiederverkörperung seinem Wesen nach derselbe, wenn auch in seiner körperlichen Erscheinung ein anderer ist, so bringt er bei seinem jedesmaligen Auftreten auf der Bühne des Lebens diejenigen Talente und Neigungen mit, welche er sich in seinem früheren Dasein erworben hat. Jeder ist in diesem Sinne sein eigener Vater und der Sohn seines Vaters und erntet als Sohn die Früchte des Denkens und Trachtens und Tun seines Vaters, nach dem Gesetze des Karma, welches das ewige Gesetz von Ursache und Wirkung im Sinne der göttlichen Gerechtigkeit ist. Wer diese Lehre von Reinkarnation und Karma begreift, der findet sie auch in der Bibel. In der Sadharma Pundarika, Kap. V, fragen die Jünger in Bezug auf einen Blindgeborenen: *Sind Sünden, welche in einem früheren Leben begangen wurden, die Ursache von dieses Mannes Blindheit?*, und in der Bibel befindet sich eine, wenn auch misslungene Übersetzung dieser Stelle.

Die Vollendung des Yoga ist somit nicht das Werk eines Augenblicks, sondern ein Werk, das vieler Inkarnationen bedarf, um dann in einem Augenblick vollendet zu werden. Wer aber die Täuschung überwindet und zur göttlichen Selbsterkenntnis gekommen ist, der braucht nicht wiederzukommen. Von ihm heißt es in der Bibel: *Ihn will ich zum Pfeiler in meines Gottes Tempel machen, daraus er nicht mehr weichen soll.* (Offenbarung Johannis, III, 12.)

Solche erhabene Seelen, die mich erlangt haben, kehren nicht wieder in dieses Leben zurück, welches die Wohnung des Leidens und vergänglich ist. Sie erlangen die höchste Glückseligkeit (das selbstlose Sein). (Bhagavad Gita, VIII, 15.)

Wem durch die Kraft der in der Vergangenheit erworbenen „Gnade“ (des Genies) die Erreichung des Yoga gelingt, der braucht keine weitere Aufklärung darüber, und er kann diese Selbsterkenntnis auch ohne alles vorhergehende Wissen erlangen. Wollen wir uns aber über das Wesen des Yoga einen vernünftigen Begriff machen, so ist es nötig, diejenigen Grundelemente, welche das Wesen des Menschen ausmachen, und desgleichen auch die Konstitution des Weltalls bilden, kennenzulernen. Die deutschen Bezeichnungen hierfür von „Körper, Seele und Geist" sind durchaus ungenügend, und es wird uns unserem Ziele viel näher bringen, die siebenfältige Einteilung der indischen Geheimlehre kennenzulernen.

Da diese siebenfältige Einteilung in der theosophischen Literatur unserer Zeit schon vielfach erwähnt wurde, so ist es nur der Vollständigkeit halber nötig, sie hier in Kürze anzuführen.[04)]

Es werden sieben Prinzipien oder Zustände im Menschen unterschieden, nämlich:

I. Sthula Sharira, der physische materielle Körper, welcher an sich selbst der „Kadaver" ist, er ist kein wesentlicher Bestandteil des Menschen, sondern nur die Hülle, der Träger des inneren Menschen, er verhält sich zum letzteren ähnlich wie der Boden zur Pflanze, auf dem sie wächst und aus welchem sie ihre Nahrung zieht, der aber nicht zum eigentlichen Organismus der Pflanze gehört. In der Mystik kommt diese sterbliche Hülle überhaupt kaum in Betracht, und wenn z. B. vom „Fleisch" die Rede ist, so ist damit der „Astralkörper", Kama oder Kama-Manas gemeint. Mit diesem materiellen Körper korrespondiert in der großen Natur die materielle Daseinsebene, das Kleid der Natur.

II. Linga Sharira, der „Astralkörper", das ätherische Ebenbild des menschlichen Körpers, dessen äußerer Ausdruck der physische Körper ist. Er ist der Träger der Lebenskraft und ihm entspricht in der großen Natur die „Astralebene".

III. Prana, die Lebenskraft, ihr entspricht das Lebensprinzip in der großen Natur.

IV. Kama-rupa. Die sinnliche, tierische Natur im Menschen, der Sitz der Instinkte, Begierden und Leidenschaften; sie ist der Träger für seine höhere Natur, und ihr entspricht die Welt der Elementarwesen in der großen Natur. Sie ist die „tierische Natur" in Makrokosmos und Mikrokosmos; von Jakob Boehme „die feurige Welt" genannt.

V. Manas. Die menschliche Seele im Menschen, das Gemüt, der Denker, welcher hoch und niedrig denken und es auch ganz unterlassen kann. Es ist dasjenige, wodurch der Mensch sich von nicht denkenden Wesen unterscheidet, und das eigentliche Merkmal des Menschen. Es ist der Träger der göttlichen Menschennatur und entspricht im Weltall der Ebene von Akâsha, der Seele der Welt.

VI. Buddhi. Die göttliche Natur im Menschen, über alles Denken und alle Vorstellungen erhaben, entspricht im Weltall dem Gottesbewusstsein (Mahat). Intelligenz. Sie ist der Träger des Geistes, der ohne sie nicht „geboren", nicht offenbar werden kann.

VII. Atma. Der auf keinen Raum beschränkte göttliche Geist.

Wie wir sehen, ist jedes dieser Prinzipien der Träger des nächstfolgenden Höheren. Nicht dass das Niedere das Höhere erzeugt oder erschafft, aber das Höhere entfaltet sich durch das Niedere und wird in ihm offenbar, sodass durch die Gegenwart des Höheren das Niedere veredelt wird.

Auch ist von keiner Umwandlung eines Prinzipes in ein anderes die Rede, wohl aber muss die Oberherrschaft des niederen aufhören, damit das höhere in ihm mächtig werden kann. Die Leidenschaft muss sich legen, damit der Mensch ruhig denken kann, und desgleichen muss die Seele über alles menschliche Denken erhaben werden und das Gemüt zur Ruhe kommen, wenn die Gottesweisheit sich in ihr offenbaren und sie zur Anschauung Gottes gelangen soll. „Wie eine Flamme, die nicht flackert, wenn sie vom Winde geschützt ist," sagt die Bhagavad Gita, „so soll das Gemüt des Yogi sein" und Rückert drückt denselben Gedanken noch deutlicher aus:

Die Flamme wächst vom Zug der Luft und mehrt den Flug,
So hält sich Leidenschaft durch Leidenschaft im Flug.
Das Feuer schürt den Wind und löscht das Feuer wieder,
So kämpfet Leidenschaft die Leidenschaft darnieder.
Wie still die Lampe brennt am wohlbeschirmten Ort,
So ein beruhigt Herz in Andacht fort und fort.

Dieses Zur-Ruhe-kommen des Weltmenschen, damit der Gottmensch in ihm offenbar werden kann, wird der „mystische Tod" genannt, durch welchen das Selbstbewusstsein des Gottmenschen in ihm zum Erwachen und zur Auferstehung gelangt. Der Stein, der auf seinem Grabe liegt, ist der Egoismus, dieser muss vom Eingange hinweggerollt werden, damit der Mensch in die wahre Freiheit von seinem täuschenden „Ich" gelangen kann.

Diese Lehre ist in der christlichen Religion sinnbildlich durch die Kreuzigung dargestellt, wenn auch der Sinn dieser Darstellung nicht allgemein bekannt ist. In jedem Menschen ist ein Gott (Atma-

Buddhi-Manas) an die niederen Prinzipien, Kama-Manas etc. gebunden und in ihnen gekreuzigt, und wartet auf dessen mystischen Tod, um in ihm seine Auferstehung zu feiern[05]. Die drei höchsten Prinzipien gehören dem Himmel, dem Gottmenschen, die vier niederen den irdischen Persönlichkeiten, der Erde an. Was von dem Geiste (Manas) des Menschen sich mit dem Göttlichen (Atma-Buddhi) vereinigt, ist unsterblich, alles andere bleibt auf der Erde zurück. Man braucht aber nicht erst den Tod des leiblichen Körpers abzuwarten, um diese Vereinigung und durch sie das Bewusstsein der Unsterblichkeit zu erlangen.

Unsterblichkeit ist nicht der Zukunft aufgespart,
Unsterblichkeit ist im Gefühl der Gegenwart.
(Rückert.)

Wer nun weiß, um was es sich in der Yoga-Lehre handelt, der wird einsehen, dass diese Vereinigung mit dem Höchsten, dem göttlichen Selbstbewusstsein und göttlichen Sein das Höchste ist, was der Mensch erstreben und er, oder vielmehr der Gott (Übermensch), in ihm erringen kann, und dass im Vergleich mit diesem Erlangen der selbst-bewussten Unsterblichkeit alles Jagen nach Lustbarkeiten, Vergnügungen, Reichtum und Vielwisserei, alles eitler Tand und wertlos ist. Zu dieser Vereinigung gehört aber keine fromme Kopfhängerei, Kriecherei und Schleicherei, keine Bigotterie und Muckertum, keine äußerliche Askese und Selbstquälerei; alle diese Dinge entspringen der Selbstsucht, welche der Feind der Selbstlosigkeit ist; es wird durch sie nur der Egoismus gestärkt. Es gehört nichts dazu, als ein reines Herz. Hat der Mensch dies, so braucht er in diesem großen Werke gar nichts selber zu tun; denn wenn das Herz von der Selbstsucht frei ist, so wird es von Gott selbst mit der göttlichen Liebe erfüllt, aus welcher die wahre Erkenntnis entspringt.

Deshalb sagt auch Meister Eckhart:

Von Selbstsucht leer sein ist Gottes voll sein. Wo die Seele von aller Selbstsucht und allem, was aus dieser entspringt, frei ist, da geht Gott, der die Liebe selbst ist, in seiner ganzen Fülle in sie ein.

Es handelt sich dabei nicht darum, dass der Mensch persönlich etwas liebe oder nicht liebe; denn alle persönlichen Neigungen oder Abneigungen, Wollen oder Nichtwollen, Tun oder Unterlassen, entspringen dem Egoismus des vergänglichen Selbsts. Ist aber die Seele rein und mit der göttlichen Liebe erfüllt, welche nicht „göttlich“ sein könnte, wenn sie nicht allgemein wäre, so äußert sich diese Liebe von selbst in dem ganzen Wollen und Denken und

Handeln des Menschen. Durch diese Liebe und ihre Tätigkeit wird die Menschheit im Menschen erweckt, und wenn er durch diese selbstlose Liebe zur Menschheit ein wahrer Mensch geworden und sich als solcher erkennt, dann kann auch die Gotteserkenntnis in ihm offenbar werden.

Was aber diese Liebe sei, das hat schon Empedokles gesagt:

Schau diese Lieb' im Geist! Nicht steh' nur und staun' mit den Augen;
Schau, wie sie allem was lebt als Eingeborenes inn'wohnt!
Frohsinn heisst sie darum auch mit Namen und Aphrodite.
Dass sie es ist, die im All umschwingend alles belebet,
Lehrte kein Sterblicher noch.

Niemand kann den Menschen erkennen machen, was Liebe ist, wenn er sie nicht schon besitzt; alle mystischen Kräfte lehren sich selbst dadurch, dass sie im Menschen erwachen.

Die Ausübung des Yoga erfordert deshalb gar keine selbstsüchtigen Bestrebungen nach oben, um das Gute zu erhaschen; denn das Gute kommt von selbst, sobald ihm die Türe geöffnet wird; es erfordert nur die Ergebung; dagegen verlangt es eine fortwährende Wachsamkeit gegen die von unten kommenden Einflüsse, einen fortwährenden Kampf gegen das Böse, in welchem aber auch wieder nicht der Egoismus des Menschen, sondern dessen höheres Selbstbewusstsein der Kämpfer und Sieger ist. Durch dieses bildet der Mensch einen magischen Kreis um sich, in welchen kein „böser Geist", sondern nur Gott eindringen kann.

Die wahre Freiheit des Menschen besteht darin, dass er frei wird von allem, was nicht sein wahres, unsterbliches, unbeschränktes Selbst ist. Yoga ist der Weg zu dieser Freiheit.

Wenn dein Geist die verworrenen Pfade der Welt des Scheines und der Täuschung durchschritten haben wird, so wirst du dich nicht mehr um das bekümmern, was zu sein scheint, aber trügerisch ist. Wenn dein Geist, nachdem er durch das, was du von anderen gehört oder gelesen hast, vom Wege der Wahrheit abgezogen war, in der eigenen Erkenntnis Festigkeit erlangt hat, dann wirst du Yoga erreichen. (Bhagavad Gita, II, 52.)

Dass aber unter diesem Sichnichtsbekümmern um das Vergängliche und den Schein, und unter dieser Ausbreitung des Selbstbewusstseins der Seele, worauf die eigene Erkenntnis beruht, nicht das, was man „Quietismus" nennt, zu verstehen ist, braucht kaum erwähnt zu werden, denn auch die Bhagavad Gita sagt: *Gib dich nicht dem Müßiggang hin. Wer nichts beginnt, kann nicht in den Zustand der ewigen Ruhe gelangen; er kann nicht durch Nichtstun die Vollkommenheit erreichen. Tue was deine Pflicht ist, denn Tätigkeit ist besser als Untätigkeit.* (Bhagavad Gita, III, 4.)

Die „persönliche Untätigkeit“ besteht vielmehr darin, dass der Mensch nichts mehr aus eigenem Selbstinteresse, sondern alles aus Liebe zur Menschheit und Gottheit, in der Erkenntnis der Wahrheit und als ein Werkzeug der göttlichen Weisheit tut. Wer dies erlangt hat, der ist wie eine Sonne, die alles Leben auf Erden schafft und mit ihren Strahlen überall tätig ist, ohne deshalb vom Firmamente herabzusteigen und sich von der Erde bewegen oder hinreißen zu lassen, denn dann verschlänge die Erde die Sonne und es gäbe keine Sonne mehr. Der zum geistigen Selbstbewusstsein erwachte Mensch ist überall, denn der Geist des Menschen ist nicht in den Körper eingesperrt, und wenn derselbe selbst-bewusst geworden ist, so ist auch der geistig selbstbewusste Mensch überall, wo auch seine sterbliche Maske verweilen mag. Er kann überall wirken, geht aber deshalb doch nicht selbst aus der Ruhe seines inneren Selbstbewusstseins heraus.

Alles dies wird aber von denen, in welchen nur der Geist der Erde (Kama), nicht aber der göttliche Geist (Buddhi) in Tätigkeit ist, nicht begriffen und nicht verstanden, und gerade deshalb ist diese Lehre „geheim“ und wird ewig geheim bleiben für alle geistig Toten und für alle, die noch im Schlafe befangen sind.

Diese Lehre ist nicht für jene bestimmt, welche keine Selbstbeherrschung üben, mich nicht verehren und meine Stimme nicht hören wollen. Auch ist sie nicht für die Starrsinnigen und Lästerer. Dir aber, der du nicht vom Geiste des Widerspruchs befangen bist, will ich diese hohe Wissenschaft lehren. (Bhagavad Gita, XVIII, 67, IX, 1.)

Yoga ist das höchste Wissen, Yoga ist die Freiheit, die höchste Religion; es ist aber auch das Endziel aller Evolution und der Gipfelpunkt aller Kultur; denn Yoga ist der Sieg über alles, was feindlich ist, und der Mensch als Einzelner, wie auch die Menschheit als Ganzes hat in Wirklichkeit keinen anderen Feind als sich selbst.

Der Weg zu Christus

> Die erste Bedingung zur Erlangung der Gotteserkenntnis ist der Besitz der Fähigkeit, in sich selbst das Wahre und Unvergängliche vom scheinbaren und vergänglichen Selbst unterscheiden zu können.
> (Shankaracharya: „Tattwa Bodha")

Der Weg zu Christus ist Yoga; d. h. die Vereinigung mit dem göttlichen Selbst. Dieses eigene göttliche Selbst ist aber nicht ein dem Menschen fremdes oder unnahbares Ding, oder eine Person, die früher einmal gelebt hat und jetzt tot ist, auch ist es nicht etwas von dem göttlichen Geiste anderer Menschen Verschiedenes oder Beschränktes; sondern es ist der eine Gott im Weltall, der durch keine Form beschränkt oder gebunden, sondern allgegenwärtig ist, und erst dann wirklich erkannt wird, wenn der Mensch seine eigene geistige Allgegenwart und göttliche Freiheit erkennt. Diese göttliche Selbsterkenntnis ist deshalb das Mittel zur Erlösung der Menschen aus den Banden des Irrtums, der Verkehrtheit und Unwissenheit. Eckhart sagt:

Der Mensch soll sich nicht von Gott getrennt glauben, er soll Gott nicht fürchten, das allein ist die rechte Furcht Gottes, wenn man fürchtet, Gott zu verlieren. Hindert dich deine Sünde, dich Gott nahe zu glauben, so sollst du doch glauben, dass dir Gott nahe ist, denn großer Schaden liegt darin, dass der Mensch sich Gott in die Ferne rückt. Der Mensch entferne sich von Gott oder nähere sich ihm, so entfernt doch Gott sich nimmer, er bleibt immer in der Nähe stehen, und kann er nicht in deinem Innern bleiben, so ist er doch nicht weiter von dir fort, als vor der Türe. Was Gott vom Menschen trennt, das ist nur das Äußerliche, Unwesentliche, im Wesen ist er schon mit Gott Eins. Es handelt sich dabei nicht darum, sich etwas Neues, vorher nicht Vorhandenes anzueignen, sondern bloß um die Überwindung der Täuschung, welche uns glauben macht, dass wir etwas dem wahren Wesen nach von Gott Verschiedenes seien. Wenn wir unser eigenes falsches Selbst überwinden, dann kommt die Erkenntnis des wahren tiefinnersten Wesens von selbst, und wir sehen dann, was wir eigentlich immer und ewig selbst waren und bleiben sollen. Das ist die wahre Freiheit, dass wir von nichts abhängig und so frei und unbehaftet mit anderem seien, als wir es in unserem ersten Ausfließen aus der einen Urquelle aller Dinge waren. Alles, was geschaffen ist, ist nicht frei. Solange etwas über mir ist, was nicht Gott selber ist, so drückt es auf mir, wie klein es auch sei, oder wie beschaffen, und wäre es auch Vernunft und Liebe, insofern sie geschaffen und nicht Gott selber sind; es drückt auf mir, denn es ist unfrei.[06]

Diese göttliche Freiheit, welche nur durch die eigene göttliche Selbsterkenntnis (Theosophia) erlangt werden kann, ist es, nach der, ganz abgesehen von allen kirchlichen Meinungen und religiösen Bekenntnissen, denen der äußere Mensch anhängt, die Seele eines jeden ihm bewusst oder unbewusst strebt.

Die Seele ruht nicht, bis sie alles durchbricht, was nicht Gott ist, und in die göttliche Freiheit kommt. Das Ding ist frei, das von nichts abhängt und dem auch nichts anhängt. Die Seele ist vollkommen frei, die über alles hinausgekommen ist, was nicht Gott ist, die weder an der Kreatur noch an sich selber hängt. Die Seele soll auch von keinem äußern Gott („Christus") *abhängig sein, sondern sich selbst als Gott in Gott erkennen. Wir sollen von Gott nichts begehren als von einem Fremden. Wer von einem anderen begehrt, ist ein Knecht, wer da spendet, ist Herr. Ich will mich sehr wohl beraten, ob ich von Gott etwas annehmen oder begehren wollte, denn wenn ich von ihm etwas annähme, so stände ich darin unter Gott, wie ein Knecht unter seinem Herrn, und so sollen wir doch nicht sein im ewigen Leben, denn das ist der Sinn der Offenbarung Christi, dass wir alle eben derselbe* (eine) *Sohn Gottes sind. Gott ist mein Grund und mein Grund ist Gottes Grund. Was mein ist, das habe ich von niemand. Habe ich es von einem anderen, so ist es nicht mein, sondern dessen, von dem ich es habe. Zwischen Ungleichen kann niemals Liebe auf dem Fuße der Gleichheit walten, sie bleiben sich ewig fern und ungleich. Darum sollen wir schaffen, dass wir Gott nicht zu bitten brauchen, dass er uns seine Gnade und göttliche Güte gebe, sondern wir sollen schaffen, dass wir sie selber annehmen und ihn nicht darum fragen.*[07]

Diese Selbsterkenntnis und vollkommene Freiheit gehört aber nicht dem irdischen Menschen, dem Sohne des Erdgeistes zu, der in dem Wahne seines Eigendünkels lebt, und dessen Blick sich nicht über die durch diesen Selbstwahn gezogene Schranke erstreckt, sondern sie gehört dem Gottmenschen an; der in der Seele des Menschen zum Selbstbewusstsein erwacht und dadurch ins menschliche Dasein geboren wird.

Ein an Größenwahn leidender Mensch mag sich vielleicht einbilden, Christus zu sein; aber nur Gott im Menschen kann sich in ihm in der Wahrheit als den Gottmenschen erkennen. Der menschliche Eigendünkel nützt dabei nichts, sondern steht hindernd im Wege.

Darum besteht die Einheit mit Gott darin, dass Gott (die Wahrheitserkenntnis) *allezeit im Menschen geboren wird, d. h., dass Gottes Ebenbild sich in ihm offenbart. Der Mensch der Erde ist kein direkter Sohn Gottes; er ist nur der „Stall", in welchem der Sohn Gottes geboren wird. In dieser Geburt bin ich Eins mit Gott; da kann er mich nicht ausschließen; da empfängt der Heilige Geist* (die Selbsterkenntnis) *sein Wesen, sein Wirken und Werden von mir wie von Gott. Da hört der Mensch als Sonderwesen und form-beschränkte Persönlichkeit gänzlich zu existieren auf, und ist alles in allem geworden. Wenn alle Unvollkommenheit und Endlichkeit hinausgetrieben worden ist, und damit auch alle Unterscheidung zwischen diesem und jenem, so werden wir Gott gleich; wir werden alles in allem, wie Gott alles in allem ist.*[08)]

Es kommt kein Mensch in seiner Selbstheit zu Christus, und deshalb gibt es auch keinen Weg, auf dem der vom Wahne des Egoismus besessene Mensch zum Gottmenschen gelangen kann; wohl aber kommt Christus im Menschen zu sich selbst, wenn der Mensch den Wahn des „Selbsts" überwunden hat, und dann hat er auch nicht nur den Weg zu Christus gefunden, sondern ist schon bei ihm.

Ist die Abgeschiedenheit vom Sinnlichen und von allen eigenen Vorstellungen eine vollkommene, und die ganze Individualität dahingegeben, so kehrt Gott (die Gotteserkenntnis) *in den Menschen ein; nicht teilweise, sondern in seiner ganzen Fülle* (Allselbstbewusstsein). *Wo ich Christi Leben mehr habe als mein eigenes Leben, da habe ich Christus* (die Gottheit in der Menschheit) *mehr als mich selber; da höre ich auf, „Ich" zu sein und werde in Gott verwandelt. Wenn ich im wahren Wesen so vergangen bin, dass ich in mir und in allen Dingen nichts mehr erblicke, als das eine alles umfassende und unvergängliche Wesen; so hat meine* (persönliche) *Seele ihren Namen verloren, und da bleibt nichts mehr übrig als das reine Wesen, das im Vater* (der Gottheit) *ewiglich den Sohn* (die Erkenntnis) *geboren hat, und so bin ich dann als ein neuer Mensch in dem Wesen geboren, und wirke alle meine Werke über meiner irdischen Natur in göttlicher Natur. So werde ich mit Christo ein Leib und mit Gott ein Geist; ich bin mit allen meinen Kräften in das ungeschaffene Gute erhoben und ziehe alle Dinge nach mir in das absolut Einfache. Da verstehe ich mich nicht als diese oder jene*

Persönlichkeit, sondern über alles beschränkte Dasein erhaben, als den einen Sohn Gottes, und so wird das ewige Wort ohne Unterlass in mir geboren.[09)]

Gottes Leben ist mein Leben; seine Substanz ist die meinige. Es heißt dies nicht Gott werden, sondern Gott sein. In dem ewigen unwandelbaren Sein ist kein „Ich und Du", sondern nichts als Gott in Gott. Darum ist die Seele nicht Gott „gleich" oder „ähnlich", sondern sie ist ganz und gar eins mit ihm und eben dasselbe, was er ist. Die Seele geht auf in Gott und Gott geht in der Seele auf; es ist da ein völliges Aufgehen von dem einen in dem anderen. Seine Seligkeit schöpft der Mensch da, wo Gott sie schöpft; er hat ein und dasselbe Wesen, Wissen, Wirken und Erkennen wie Gott. Dieses Durchbrechen der Schranken des Selbsts und der Endlichkeit ist viel herrlicher als das ursprüngliche Hervorgehen aus Gott. In diesem verhalte ich mich als Kreatur, aber in jenem Durchbrechen bin ich über mich selber und alle anderen Kreaturen erhaben, weder Gott noch Kreatur; ich bin das, was ich immer war und was ich jetzt und immerdar sein soll. Da nehme ich weder zu noch ab, sondern bin die eine unbewegliche Ursache, welche alle Dinge bewegt.[10)]

Diese Lehre beruht nicht wie die menschliche Wissenschaft auf bloßen Theorien, äußerlichen Beobachtungen, Schlussfolgerungen, Mutmaßungen, logischen Gründen, Mitteilungen von Meinungen u. dergl., sondern auf der eigenen Erfahrung derjenigen, welche zu diesem Grade der Wahrheitserkenntnis gekommen sind; deshalb liegt ihr auch nicht der Schein und die Wahrscheinlichkeit, sondern die Gottesweisheit (Selbstbewusstsein) zugrunde.

Gott (das Selbstbewusstsein Gottes) *selber redet in den Propheten zu uns. Die heiligen Schriftsteller sind von dem Heiligen Geiste* (der göttlichen Selbsterkenntnis) *der Wahrheit erfüllt und erleuchtet, dass sie uns dasjenige, was sie selber geistig erkannt haben, beschreiben, aber man muss in diesen Beschreibungen erst selbst die innere Wahrheit entdecken und den tieferen Sinn finden. Die heiligen Schriften aller Völker sind in Sinnbildern und Allegorien abgefasst; weil man abstrakte Ideen nur dadurch sinnlich darstellen kann, dass man sie in eine passende Form kleidet; allein es gehört Wahrheitsgefühl und Erkenntnisfähigkeit dazu, um nicht bloß das äußerliche Gewand, sondern die darin enthaltene Wahrheit zu empfinden und zu erkennen. Niemand ist so einfältig, dass er in den Schriften der Weisen nicht etwas fände, was seinem eigenen Wahrheitsgefühle entspricht, sobald er nur darnach sucht, und niemand so aufgeklärt, dass er, wenn er diese Schriften ergründen will, nicht noch immer tiefere Reichtümer fände; wer aber selber etwas Falsches in dieselben hineinlegt und es dann kritisiert, der kritisiert auch nichts anderes als sich selbst. Alles in den heiligen Schriften* (Bibel, Vedas, Upanischaden etc.) *trägt einen verborgenen Sinn in sich; all unser menschlich-irdisches Verständnis reicht aber nicht an die Wahrheit der Sache. Nur in wessen Herzen der Geist aus Gott* (die Selbsterkenntnis), *der Geist der Liebe* (zum göttlichen Selbst) *mächtig geworden ist, kann die Schrift richtig verstehen und erfüllen.*[11)]

Es handelt sich dabei nicht um ein willkürliches Auslegen dieser Gleichnisse, sondern um die richtige Anschauung der darin enthaltenen Wahrheit. Jedes dieser religiösen Gleichnisse, welche sich auf Dinge beziehen, die dem irdischen Verstande nicht begreiflich gemacht werden können, weil sie jenseits der durch seine Selbstheit gezogenen Schranke liegen und er sie deshalb nicht begreifen kann, hat eine äußerliche (exoterische), eine innere (esoterische) und eine geistige Bedeutung, welche nicht in Worten ausgedrückt, sondern nur geistig erfasst werden kann. Jeder kann sich allerdings dabei einbilden was er will, er kann aber in Wirklichkeit nur dasjenige darin sehen, was zu seiner wirklichen Anschauung gelangt, je nach dem Standpunkte, den er fähig ist, einzunehmen. Der oberflächliche Denker sieht darin nur den äußeren oberflächlichen Sinn, der tief fühlende und hochdenkende den Grund der darin verborgenen Geheimnisse. Deshalb sagt Eckhart: *Die Wahrheitserkenntnis ist wie ein Meer; dem einen reicht es bloß bis an die Knöchel, dem andern bis an die Knie, dem dritten an den Gürtel, und dem vierten geht es über das Haupt, sodass er ganz und gar darin versinkt. Kinder lacht die Weisheit lockend an; die Selbstklugen lachen darüber, und am Ende spottet sie selbst der Gelehrten. In Worten lässt sich Gottes Wesen nicht ausdrücken oder beschreiben; in uns selber sollen wir sein Wesen erkennen, und zu diesem Zwecke müssen wir allem* (auch dem Bücher- und Autoritätenglauben) *entwachsen, was nicht Gott selber ist.*[12)]

Viele bilden sich ein, dass damit schon alles erlangt sei, wenn man wisse, was in der Bibel u. dgl. enthalten sei, und sie verwechseln dabei das Mittel mit dem Zwecke. Das Wissen allein macht aber noch nicht selig, sondern nur der Besitz, und ebenso wenig, als um die Befriedigung der wissenschaftlichen Neugierde, handelt es sich dabei um Visionen, Träume, Wahnvorstellungen oder Schwärmereien irgendwelcher Art, sondern um die Verwirklichung des Idealen in sich selbst.

Solche Offenbarungen sind verwerflich, weil es ein Schauen sinnlicher (wenn auch innerlicher) *Gestaltungen ist. Das Schwelgen in Visionen ist noch ein Zeichen der Gottentfremdung, die Aufregung des Gefühls beweist noch die Macht des Sinnlichen im Menschen. Solche vermeintliche Offenbarungen entspringen dem Gemüte des Menschen selbst, welches sich seine inneren Vorgänge in objektiven Bildern vorstellig macht. Wenn aber Gott* (das wahre Selbstbewusstsein) *die Seele ergriffen hat, sodass sie von aller Sinnlichkeit bloß und ledig steht, so hat sie kein anderes Objekt, als ihre eigene Vernunft, welche durchaus ihr eigenes Wesen geworden ist. Da wird das Erkennende und das Erkannte Eins in der Erkenntnis, die Seele schöpft aus ihrem eigenen Lichte, was sie begehrt, und weil sie vermöge der Herrlichkeit der zu ihrem Wesen gewordenen Vernunft von den in sie eindringenden göttlichen Strahlen umfangen ist, schöpft sie aus sich selber die ewige Wahrheit. Da versteht die Seele* (geistig, ohne intellektuelle Auseinandersetzung) *in dem Absoluten direkt zu schauen und zu begreifen. Jenen sinnlichen oder innersinnlichen Offenbarungen ist deshalb nicht weiter eine Wichtigkeit beizumessen, als insofern sie diesem Wesen der Seele entsprechen, und durch dieselbe ihre Bestätigung erhalten.*[13)]

Weder durch das Selbstwissen, noch durch das Selbstwollen, noch durch die Werke, welche der Mensch in seiner Selbstheit oder seinem Egoismus vollbringt, wenn dieselben auch relativ noch so gut sind, wird diese Gotteserkenntnis erlangt. Das „Selbst“ ist selbst nichts als eine Täuschung, ein Schein, und alles, was aus ihm entspringt, kann nichts anderes als ein Schein, eine Selbsttäuschung sein. Nicht, dass die menschlichen Tugenden, Elternliebe, Vaterlandsliebe usw. verächtlich wären, sondern sie werden mit Recht von den Dichtern und Weisen als das für den Menschen höchste Erreichbare gepriesen; aber dort, wo der Mensch aufhört, fängt Gott an, und in Gott hat alles, was nicht aus Gott entspringt und nicht Gott ist, keinen Wert. Gott verlangt nicht ein bloß teilweises Opfer, sondern das Opfer des ganzen eigenen Selbsts, mit anderen Worten, das Aufgeben alles Gebundenseins ist zur Erlangung der vollkommenen Freiheit nötig.

Willst du derselbe Sohn sein, den der Vater gebiert, so entledige dich alles dessen, was das ewige Wort nicht an sich genommen hat. Zwischen deiner menschlichen Natur und der seinigen ist kein Unterschied; sie ist eins, und was sie in Christus (im Gottmenschen) *ist, das ist sie auch* (als Gottmensch) *in dir. Soll der Mensch Gott erkennen, so muss er sich selber mit allen seinen Werken vergessen und verlieren, denn indem die Seele sich selber als etwas Besonderes und von Gott getrenntes sieht und erkennt, sieht und erkennt sie Gott* (ihr eigenes grenzenloses Wesen) *nicht, wenn sie sich aber um Gottes* (des göttlichen Seins) *willen verliert, und alle Dinge verlässt, so findet sie sich im Gott* (im Ganzen) *wieder, indem sie Gott erkennt, und dann erkennt sie sich selber und alle Dinge, von denen sie sich entledigt hat, auf vollkommene Weise.*[14)]

Könntest du dich selber in deiner Eigenheit auf einen Augenblick vernichten, so würde dir alles eigen, was Gott an sich selber ist, solange du dich aber selber für etwas besonderes achtest, weißt du ebenso wenig, was Gott ist, als mein Mund weiß, was Farbe, oder mein Ohr, was Geschmack ist. Gefällt die Seele sich selber, insofern sie etwas eigenes ist, und hat sie in der Empfindung Gottes noch die Empfindung des Selbstseins, so ist sie auf falschem Wege. Du sollst ganz und gar deiner Deinheit entsinken und zerfließen in seine Seinheit; dein „Du" soll mit seinem „Ich" so gänzlich ein Selbst werden; dass du mit ihm ewiglich seine ungewordene Substanz und sein namenloses Nichts verstehst. Wer Gott empfangen soll, der muss sich gänzlich dahingehen und sich seiner Selbst (und damit auch der Frucht seiner Werke auf Erden und im Himmel) *entledigt haben.*[15)]

Alle guten Werke, wie die Zeit, in der sie geschehen, vergehen an sich wirkungslos. Keinem menschlichen Werke kommt die Bezeichnung „heilig" oder „selig" zu; böse und gute Werke gehen gleich wirkungslos an uns (dem wahren göttlichen Selbst) *vorüber. Ein Werk als solches ist nichts; es ist nicht um seiner selbst willen; es weiß auch nichts von sich selbst. Sobald eine Handlung geschehen ist, ist sie zunichte und vorüber wie die Zeit, in der sie geschehen ist; sie ist weder hier noch da; der Geist hat mit ihr nichts mehr zu tun. Aber durch die Tat macht sich der Geist von einer Vorstellung frei, deren Erfüllung ihn erfüllt hat, und diese Befreiung bringt ihn dann seinem wahren Wesen näher. Er wird dadurch seliger und besser. Die Äußerung des Geistes in guten Handlungen hat somit eine wirklich veredelnde Kraft, die im Geiste ewig fortwirkt* (zu seiner Natur wird). *Nur damit der Mensch vor Selbstentfremdung von allem Ungöttlichen bewahrt bleibe, sind jene äußeren Übungen erfunden worden, als Beten, Singen, Bußübungen usw., und so lange er sich noch schwach und Gott entfremdet fühlt, sind ihm jene Übungen nützlich. Sobald er aber wahre Andacht in sich wahrnimmt, so lasse er kühnlich ab von allen äußerlichen Wesen.*[16)]

Es gibt für den Menschen kein „Jenseits von gut und böse"; denn jenes Jenseits ist Gott. Will der Mensch in jenes Jenseits eintreten, so muss er aus seiner Selbstheit herausgehen, aufhören ein Mensch zu sein und mit seiner Menschheit in die Gottheit eingehen. Gott kennt nichts anderes, als sich selbst; er handelt nicht aus eigennützigen Absichten; er ist die ewige Ruhe selbst.

Der Mensch kann Gott nichts Lieberes bieten, als die innerliche Ruhe; dein Wachen, Beten und Fasten achtet Gott für nichts gegen diese Ruhe. Er bedarf nichts, als dass man ihm ein ruhig Herz gebe; dann übt er solche Wirkungen in der Seele, dass keine Kreatur da heranreichen oder einen Einblick gewinnen kann. Die innerliche Ruhe macht uns Gott ähnlich, dessen Ruhe durch sein ewiges Wirken nicht gestört wird (wie ja auch die Sonne nicht dadurch gestört wird, dass ihre Strahlen auf der Erde tätig sind). *Jene Ruhe ist ohne Hindernis und ohne Gegensatz, die doch vom Wirken unabtrennbar sind. Sie allein wird um ihrer selbst willen begehrt; das Wirken aber dient nur als Mittel zum Zweck. Jene richtet unsern Sinn auf das Göttliche, dieses haftet an den uns eigentümlichen Kräften, welche wir mit den Tieren gemeinsam besitzen; nämlich die Kräfte der Sinnlichkeit. Genügt sich die Seele in äußeren Tugendwerken, so ist sie noch nicht gleich einer freien Tochter, sondern gleich einer dienstbaren Dirne.*[17)]

Alle Werke, die nicht aus deinem tiefsten Innern, wo Gott wohnt, stammen, und zu denen du durch äußere Ursachen veranlasst wirst, sind vor Gott tote Werke; denn nur dasjenige Ding lebt in Wirklichkeit, welches die Ursache seiner Bewegung in sich selbst hat. Das Werk der Kreatur ist endlich und fällt in die Zeit. Darum sind diese Werke zu klein und wertlos, als dass sie Gott irgendwie gefallen könnten. Nur diejenigen Werke, welche Gott in uns wirkt, ohne unser (selbstsüchtiges) *Zutun, wobei die Seele nur passiv ist* (wenn auch der Körper tätig ist), *und nur Gott allein wirkt, die muss Gott sich selber lohnen, weil sie rein von Selbstsucht und unendlich sind. Gott verlangt gar keine eigenen Werke von uns; er wirkt in unserer Seele das Werk der Gnade und die Werke, welche wir ausführen, sind dann die einfache Folge der Beschaffenheit, in die unsere Seele gesetzt ist. Gehe deshalb in deinen eigenen Grund, wo du in deiner Selbstheit zu nichts wirst; die Werke, welche du dort wirkst, d. h. welche Gott in dir wirkt, sind alle lebendig.*[18)]

Nicht diese Lehre, sondern das Missverständnis derselben öffnet der falschen Selbsterniedrigung, der pfäffischen Kriecherei und Schleicherei, dem Muckertum, der Augenverdreherei, Heuchelei, dem Müßiggang und dem Selbstbetrug das Tor. Nicht das Selbstbewusstsein der echten Menschenwürde soll unterdrückt, sondern vielmehr durch das Gottesgefühl gehoben werden. Nicht in blindem Vertrauen auf die Einmischung eines fremden Gottes soll der Mensch sich dem Müßiggang und der Unterlassung des Guten widmen, sondern er soll sein täuschendes Selbst vergessen und sein wahres Selbst so in sich selbst zu seinem Bewusstsein gelangen lassen, dass dieses Selbst, das Gute, ihn gänzlich erfüllt und er nur in dessen Sinn will, denkt und wirkt.

Das wahre Wesen des Menschen ist Gott.

Wäre Gott der Seele fremd, so wäre er ihr nicht zugänglich. Was ich (als Mensch) *erkenne, das erkenne ich durch Bilder in vermittelter Weise. Gott wird unmittelbar durch sich selber erkannt. Dadurch erkenne ich ihn und darum muss Gott zu meinem „Ich" das „Du" und ich zu Gottes „Ich" das „Du" sein. Wo Gott ist, da ist auch die Seele, und wo die Seele ist, da ist Gott. Mit anderen Worten, sobald Gott ist, schaut er in sich das ewige Bild der Seele. Gott ist reines Selbstbewusstsein, er ist das Vorbild der Seele. Er ist der Seele Form und die Seele der Seelen. Die Idee der Menschheit stand ewig vor Gottes Thron; diese Idee ist Christus, der Sohn Gottes. Die Seele hält alle Kreaturen in sich; Gott kann sich nicht selbst verstehen ohne die Seele* (das Wesen). *In ihrem reinen unzeitlichen, unräumlichen, naturfreien Wesen ist die Seele wie Gott, sie hat von ihm keinen Unterschied, als dass sie geschaffen und nicht ihre eigene Ursache ist. Könnte die Seele ihr Geboren- und Geschaffensein gänzlich ablegen, so wäre sie ganz dasselbe, wie der Sohn Gottes. Was die Seele hat, das trägt sie zu Lehen, ihr ist nichts eigen, sondern alles ist ihr gegeben. Was die Seele ist, das hat sie von Gott und sie ist von ihm so ausgeflossen, dass sie nicht im Wesen geblieben ist, sondern ein fremdes "Wesen empfangen hat, das seinen Ursprung aus dem göttlichen Wesen genommen hat. Darum kann sie nicht wirken wie Gott, der alles bewegt im Himmel und auf Erden und allen Dingen ihr Leben gibt, sondern sie verleiht nur dem Leibe Bewegung und Leben.*[19)]

Ohne äußerlich zu wirken und im Guten tätig zu sein, kommt niemand zu Gott (zur Selbsterkenntnis), *wir sind gerade dazu in die Zeit gesetzt damit wir durch zeitliches vernünftiges Tun Gott näher und ähnlicher werden. Dazu gehört, dass man ohne Unterlass seine Vernunft in Gott erhebe, nicht in der Form unterschiedlicher endlicher Vorstellungen, sondern in der Form der reinen Wahrheit, als des höchsten, beständig vor Augen zu haltenden Ideals. Wer in diesem Sinne Werke vollbringt, der erhebt sich frei, von allem Vermittelnden entledigt, in Gott, das Licht, das ihm leuchtet, und sein Tun ist durchaus eins und dasselbe. Soll das innere Werk sich vollziehen, so muss der Mensch alle seine Kräfte in sich sammeln, wie in einem Winkel seiner Seele; er muss sich vor allen besonderen Vorstellungen und Gestalten verschließen und zu einem Vergessen und Nichtwissen von allem, was nicht Gott ist, gelangen. In der Stille* (des Herzens) *und im Schweigen* (der Begierden) *muss es geschehen, wenn das Wort Gottes in ihm gehört werden soll.*[20)]

Gerade wie ein Stein, wenn er auch tausend Jahre stille läge, beständig ein Streben nach unten hat, so ist das innere Werk ein selbstloses Wollen und Streben nach dem höchsten Guten; ein Fliehen und Widerstreben von allem, was böse und übel, der Güte unähnlich ist, und je böser und Gott unähnlicher das Werk, desto größer der Abscheu, und je schwerer und Gott ähnlicher das Werk, um so leichter, lieber und vollkommener ist es (weil es nicht um seiner selbst willen, sondern um des Guten, der Liebe willen geschieht). *Um das äußere Werk ist es nicht so, sondern es empfängt seine göttliche Güte in dem inneren Werke; aber wie es entäußert und seinem Wesen entfremdet ist, wird es zu einer niederen Erscheinungsform der Gottheit, die in Unterschied, Vielheit und Teilen wie in einer dichten Hülle verborgen ist. Das äußere Werk, welches Zeit und Raum umschließt, hat kein Ansehen vor Gott; es ist beschränkt und man kann es hindern; es wird alt und müde durch Zeit und Wiederholung; das innere Werk kann niemand hindern, ebenso wenig als jemand Gott hindern kann. Dieses innere Werk ist Gott* (das Wesen in allem) *lieben, d. h. das Gute und die Güte an sich selbst wollen. Dieses Werk strahlt bei Tag und Nacht; es rühmt und preist Gott* (sich selbst) *in immer neuen Weisen und tritt in allen äußeren Handlungen zutage. Darum kann auch das äußere Werk nimmer gering sein, wenn das innere groß* (selbstlos) *ist; noch kann es groß oder gut sein, wenn das innere gering oder nicht vorhanden ist. Wer das innere Werk allzeit in sich umschlossen hat, in ihm will, denkt und handelt, empfindet und freut sich Gott, denn all seine Größe, Weite und Länge schöpft das innere Werk nirgends als von Gott und in Gottes Herzen.*[21)]

Was könnte es wohl anderes geben, um den Menschen mit Gott zu verbinden (religare), als die Empfindung, das Selbstbewusstsein, der Gegenwart Gottes im Herzen, aus welcher die göttliche Selbsterkenntnis entspringt? Das bloße theoretische Wissen ist noch keine Erkenntnis, das bloße Anhängen an religiöse Meinungen, Theorien, Dogmen und Glaubensartikel verleiht noch keine Unsterblichkeit. Damit ist mir noch nichts gedient, dass ich eine Erzählung für wahr halte, der zufolge ein Gott für die Menschen gestorben sein soll, solange ich den in mir gekreuzigten Gottmenschen nicht kenne und den Sinn dieses Bildes nicht fassen kann. Es kann kein anderes Mittel geben, um zur Selbsterkenntnis Gottes zu kommen, als dass der Mensch in seinem Bewusstsein eins mit ihm wird.

Wo der Mensch über die Zeit in die Ewigkeit erhoben ist, da wirkt er ein und dasselbe Werk mit Gott. Er wirkt mit Gott, was Gott vor Jahrtausenden gewirkt hat, und nach Jahrtausenden wirken wird; denn in Gott ist keine Zeit, und all sein Tun ist nur ein einziges Werk. Wenn der Mensch mit Gott eins ist, so bringt er mit Gott alle Kreaturen hervor; er bringt allen Kreaturen die Seligkeit in dem Masse, als er eins mit Gott ist. Es ist aber dabei nicht von einem Menschen (im alltäglichen Sinne dieses Wortes) *die Rede, welcher wirkt, sondern Gott* (der Gottmensch) *ist dann in solchen Personen der eigentliche Vollbringer ihrer Handlungen. Gott setzt sich an die Stelle der menschlichen Vernunft und des Willens, und alles Tun des Menschen ist vielmehr ein Tun Gottes im Menschen.*[22)]

Was Gott von uns verlangt, und was er in uns wirkt, auf dass wir in ihn eingehen können, ist Gleichheit. Die Liebe kann nicht sein, sie finde denn Gleichheit oder bewirke sie. Gott hat sich niemals gesenkt und senkt sich niemals in einen fremden Willen, sondern nur in seinen eigenen. Wo er diesen findet, da senkt er sich hinein mit seinem ganzen Wesen. Darum muss der Mensch zunächst sich innerlich sammeln und in den tiefsten Grund seiner Seele einkehren, um alles Ungöttliche hinauszutreiben. Die Seele hat sich im Äußern zerteilt und zerstreut mit ihren Kräften, deren jede eine ihr eigentümliche Funktion ausübt; dadurch ist sie umso schwächer geworden in ihrer innerlichen Tätigkeit, denn jede geteilte Kraft ist unvollkommen. Darum, wenn sie kräftig im Innern wirken will, so muss sie alle ihre Kräfte wieder heimrufen und sie aus der Zerstreuung in den Dingen zum innerlichen Wirken sammeln, um die eine, ungeschaffene ewige Wahrheit (Wirklichkeit) *zu erkennen. Vernunft und Gedächtnis müssen in den Seelengrund zurückgenommen werden, und alle anderen Funktionen aufgebend, müssen wir zum Nichtwissen alles Endlichen gelangen, denn das Wahrnehmen und Wissen zerstreut und zerstört. Jenes Nichtwissen ist aber nicht zu verstehen als Unwissenheit, sondern ein über alles Wissen und Nichtwissen erhabenes Bewusstsein. Darin besteht der Seele Lauterkeit, dass sie aus der Geteiltheit des Lebens zur Einheit gelangt und an nichts Äußerem haftet. Gedächtnis, Verstand und Wille, alles dies zieht dich in die Vielheit herab; darum musst du sie alle lassen, Sinnlichkeit und Vorstellungskraft, und alles, worin du dich „selber" findest und dir „selber" das Ziel bist. Vernunft und Wille müssen nicht aufhören, sondern über sich selber hinausgehen und in den Ursprung zurückkehren, aus dem sie geflossen sind. In unserem tiefsten Innern, da will Gott bei uns sein, wenn er uns zu Hause findet, und die Seele nicht ausgegangen ist, mit den Sinnen sich zu unterhalten. Auch die Vorstellungen von Gott, die auf sinnlichen, von äußerlichen Dingen abstammenden Wahrnehmungen beruhen, wie z. B. dass Gott gut, weise, barmherzig und dergl. sei, musst du lassen. Erst wenn du von deinem Wissen und deinem Willen dich frei und ledig machst, da geht Gott mit seinem Wissen und seinem Willen in dich ein.*[23)]

Hier in dieser Welt dreht sich das ganze Dasein des Ichs um sich selbst; das durch Selbstbespiegelung entstandene Schein - Ich bezieht alles auf seine Schein-Existenz. Da heißt es nur stets: „Ich bin, ich habe, ich liebe, ich wünsche, ich will, ich weiß, ich kann" usw. und gerade dieses in seiner Eigenheit eingeschlossene und durch seine Selbstheit beschränkte Ich ist die Ursache, welche den Menschen hindert, Gott, sein wahres, schrankenloses, freies, allumfassendes höheres Selbst zu finden. Das falsche „Ich" *(Mephistopheles)* ganz zu verlassen und willig in der Liebe zum wahren Ich (Christus) aufzugehen, sodass da keine Zweiheit mehr existiert, sondern nur die Liebe selbst, ist das Ziel des Weges zu Christo, die Vollendung des Yoga. Christus ist unser unsterbliches Ich; was in ihm aufgenommen wird, ist ewig und unsterblich; alles, was im Menschen nicht göttlicher Natur ist und sich deshalb mit dem Gottmenschen nicht vereinigen kann, ist zeitlich und vergänglich, dem Tode, der Zersetzung und Umwandlung unterworfen. Christus ist das einzige, wahre, ewige Leben; wer in ihn eingeht, sodass gar nichts von seinem eigenen Selbst zurückbleibt, der ist erlöst.

Soll die Seele Gott sehen, so darf sie auf kein zeitliches Ding sehen; soll sie Gott erkennen, so darf sie mit dem Nichts keine Gemeinschaft haben. Die Kreaturen (wozu unser eigenes geschaffenes irdisches Ich gehört) *sind etwas Trennendes zwischen uns und Gott; solange wir sie nicht lassen und Lust oder Schmerz durch sie empfangen, sind wir ferne von Gott. Soll Gott in dich eingehen, so muss die Kreatur* (der Egoismus) *notwendig aus dir herausgehen. Wo deine* (von dir selbst geschaffene Kreatur) *endet, da erst beginnt Gott, und so wie das Bild deiner Kreatur* (Selbstheit) *in dich eingeht, muss Gott mit all seiner Gottheit weichen; geht aber dieses Bild hinaus, so geht Gott hinein. Wer alle Dinge gelassen hat in ihrer niedrigsten Form, wo sie sterblich sind, der empfängt sie wieder in Gott, wo sie Wahrheit sind. Leer aller Kreatur* (Eigenheit) *sein, heißt Gottes voll sein; und voll aller Kreatur* (von sich selbst eingenommen) *sein, heißt Gottes leer sein. Wer alle Dinge empfangen will, der muss sich selbst und damit auch den Hang nach allen Dingen dahingeben.*[24)]

Gott (das göttliche Selbstbewusstsein) *verlangt von uns nichts anderes als die Abgeschiedenheit* (von allem, das nicht göttlich ist). Der wahre „Einsiedler" ist nicht derjenige, welcher in selbstsüchtiger Absicht sich von den Menschen ferne hält, oder sich in einer Wüste verbirgt, sondern der, welcher frei von seiner Selbstheit ist. Erst wenn der Mensch zwischen sich selber als Individuum und der Menschheit in seiner Natur, die er mit allen anderen Menschen gemein hat und welche in allen Menschen zusammengenommen nur eine einzige ist, kann er auch in anderen das Wahre vom Falschen, das Ewige vom Zeitlichen, das Geistige vom Materiellen, das Sein vom Schein unterscheiden.

Sich selber muss der Abgeschiedene lassen; er muss praktisch erkennen, dass „sein" Werk nicht sein Werk, „sein" Leben nicht sein Leben ist. Gott hat nicht die Natur eines einzelnen bestimmten Menschen, sondern die Menschheit, die allgemeine menschliche Natur angenommen. Der Abgeschiedene hängt mit seinem Willen nicht an sich selber (und am allerwenigsten an etwas außerhalb seiner selbst, er steht in dem in ihm entfalteten Selbstbewusstsein Gottes). *Alle Liebe dieser Welt ist gebaut auf Selbstliebe; hättest du diese gelassen, so hättest du die ganze Welt gelassen. Der Abgeschiedene begehrt nichts für sich selbst* (da er ja sein „Selbst" nicht mehr als etwas Besonderes und Getrenntes erkennt)*; er begehrt überhaupt nichts Einzelnes und Bestimmtes mehr; sein Wille* (und Bewusstsein) *ist ganz Eins geworden mit dem Willen Gottes* (dem Allselbstbewusstsein)*; er hat aufgehört zu wollen* (er existiert als Person nicht mehr). *Das ist Gottes Absicht in allen Dingen, dass wir den* (persönlichen) *Willen aufgeben. Nichts bringt den Menschen an die wahre Beschaffenheit, als das Aufgeben des Eigensinnes. Das wäre ein vollkommener und wahrer Wille, dass man ganz in Gottes* (des höheren Selbsts) *Willen getreten und ohne „eigenen" Willen wäre. Gott hat sich niemals einem fremden Willen mitgeteilt und teilt sich niemals mit. Er will nichts anderes als sich selbst. Wo er* *seinen Willen findet, da gibt er sich hin und ergießt sich in ihn mit allem, was er ist. Der Mensch, der so in Gottes Willen steht, der will nichts anderes, als was Gott und Gottes Wille in ihm ist. Wäre er krank, er wollte nicht* (aus eigenem Willen) *gesund sein. Alle Pein ist ihm* (um des höheren Selbsts willen) *eine Freude, alle Mannigfaltigkeit ein Unverwischtes und Einfaches.* (Er freut sich auch nicht selbst, sondern Gottes Freude ist in ihm). *Er ist seiner ledig und aus sich selbst herausgegangen, er ist sich selber tot und allem Geschaffenen, und achtet sich selbst so wenig als eines anderen, über tausend Meilen Entfernten.* (Er verachtet aber auch weder sich selbst noch einen anderen; denn er denkt überhaupt nicht an sich selbst und an nichts, was sich auf dieses Selbst bezieht, er lebt nur in Gott).[25)]

Dieser Zustand besteht deshalb nicht in einem selbstsüchtigen Suchen, sondern in völliger Ruhe, in welcher die Seele verglichen werden kann mit einem klaren Wasserspiegel, in welchem das Bild des Mondes (der sein Licht von der Sonne erhält) sich reflektiert. Damit aber dieses Bild ohne Verzerrung erscheinen kann, ist es nötig, dass kein Wellenschlag vorhanden und die Oberfläche des Wassers ruhig sei. So muss auch der Wellenschlag der Seele und die Bewegungen der Begierden und Leidenschaften niedergehalten werden, damit der Gottmensch (Christus) sein Ebenbild in der Tiefe der Seele erblicken und es dem Menschen offenbar werden kann. Es ist somit von keiner mediumistischen Hingebung, noch von Schwärmerei nach außen oder innen die Rede, sondern von einer völligen Passivität für das göttliche Licht von oben und von einer Kraft des Ausschließens niederer Einflüsse, welche nur durch eine fortwährende Übung der Selbstbeherrschung erlangt werden kann.

Gott sucht Ruhe in allen Dingen; denn die göttliche Natur ist die Ruhe selbst. An allen Kreaturen ist Gott nichts so gleich als die Ruhe; nichts Lieberes kann die Seele Gott darbieten als Ruhe; er braucht nichts anderes, als dass man ihm ein ruhiges Herz gebe. Alles in der Seele soll schweigen, die Seele selber soll schweigen, sonst kann Gott nicht in ihr sprechen. Der Abgeschiedene empfängt von den Kreaturen weder Lust noch Leid; die Vielheit irdischer Triebe und Sorgen ist in ihr zum Schweigen gebracht, die Seele ist unbeweglich geworden. Rechte Abgeschiedenheit ist nichts anderes, als dass der Geist so unbeweglich stehe gegenüber allen äußeren Geschicken, wie ein starker Fels einem leisen Windeshauche gegenüber unbeweglich feststeht. Diese unbewegliche Abgeschie-

denheit bringt den Menschen in die größte Gleichheit mit Gott; denn dass Gott Gott ist, das hat er von seiner unbeweglichen Abgeschiedenheit. Die Seele muss in Gott so befestigt sein, dass sich ihr nichts einzudrücken vermag; nicht Hoffnung noch Furcht, nicht Freude noch Jammer, nicht Liebe noch Leid, noch irgendetwas, was sie außer sich zu bringen vermöchte.[26)]

Hat der Mensch sein Selbst mit allen seinen selbstsüchtigen Begierden aufgegeben, so kann er auch keinen selbstsüchtigen Wunsch nach Gott haben. Er stellt sich unter Gott dann nicht irgendetwas Objektives oder Äußerliches vor, sondern er erkennt Gott dadurch, dass Gott (das höhere Selbst) sich in ihm selber erkennt.

Nicht allein der Dinge und seiner selbst ist der Abgeschiedene ledig, sondern auch (der Vorstellung) *Gottes, sofern er von Gottheit verschieden ist; denn selbst Gott ist* (in der Vorstellung) *noch ein bestimmtes Objekt. Darum bitten wir, dass wir Gottes ledig werden, und die volle Wahrheit erlangen, und die Ewigkeit genießen, den letzten, einfachen, absoluten Ursprung, in dem die obersten Engel und die Seelen gleich sind; dort wo ich stand, und wollte was ich war, und war was ich wollte. Ich bitte Gott, dass er mich ledig mache Gottes. Das ist das Höchste und Eigentlichste, was der Mensch lassen kann; nämlich, dass er um Gotteswillen Gott selber lasse. Das Nichts, welches Gott selber ist, zieht die Seele durch alle Dinge, über alle Dinge und außer allen Dingen in das äußerste Nichts, wo sie allen Kreaturen unerkennbar ist. Da ist sie nichts, da hat sie nichts, da will sie nichts, da hat sie Gott und alle Dinge dahingegeben* (und ruht in sich selbst). *Sie kehrt zurück in ihren eigenen Grund* (die Liebe und Herrlichkeit); *da wird sie ihres eigenen Bildes* (des Selbstwahnes) *beraubt; da verliert sie ihren Namen und ist nichts mehr, als Gott in Gott.*[27)]

Darin besteht die Seligkeit der Seele, dass sie erkennt, dass sie alles in allem ist, und dass es außer ihr nichts mehr gibt.

Das ist des Menschen höchste Seligkeit, dass die Seele bei keinem Etwas stehen bleiben kann, bis dass sie stehe sonder Bild, sich spiegelnd in dem Nichts, in welchem sie ewig geschwebt hat vor ihrem eigenen Dasein. Alle unsere Vollkommenheit und Seligkeit liegt daran, dass der Mensch hindurchdringe und hinausklimme über alle Geschaffenheit und Zeitlichkeit und eingehe in den Grund, der grundlos ist. So an sich selbst vernichtet, in der Gottheit aufgegangen (wie der Funke in der Flamme aufgeht und zum Lichte wird), *ist die Seele tot und in Gott* (im Allselbstbewusstsein) *begra-*

ben, aber in Wahrheit das Leben selbst. Tot ist (für die Welt), *wen nichts berührt, was in der Welt ist. So ist die Seele an sich selbst* (in ihrer Selbstheit) *tot; aber sie ist das Leben in Gott, und was da tot ist, das wird* (beziehungsweise) *zunichte. So ist die Seele tot, die in der Gottheit* (der Seligkeit und Vollkommenheit) *begraben wird. Wer in dieser Weise tot ist, der ist überall in unveränderlicher Gleichheit, sodass ihn nichts berührt. Diesen Tod sucht die Seele ewiglich.*[28)]

Ist der Mensch einmal in seiner Selbstheit tot, d. h. von sich selber frei geworden, dann wird in ihm, dem Sohne des Erdgeistes, der Sohn des Lichtes, des göttlichen Geistes, Christus der Erlöser, die Selbsterkenntnis geboren.

Es ist da von keiner „Entwicklung" des auf Zeit und Raum beschränkten irdischen Verstandesmenschen zu einem höher stehenden, aber immer noch beschränkten „Übermenschen" die Rede, sondern wie das eine Licht der Sonne, das die Welt erfüllt, in der Dunkelheit aufgeht, wobei die Dunkelheit gänzlich verschwindet, so geht das eine, alles erfüllende Allselbstbewusstsein in der Seele auf, welche die Schranke des Selbstwahnes überschritten hat und in die Freiheit des unsterblichen Daseins getreten ist.

Diese Geburt Gottes in der Seele geschieht über Zeit und Raum in der Ewigkeit; nicht etwa in einem bestimmten Augenblick, in diesem Jahre, Monate oder Tage, sondern allezeit; d. h. über der Zeit in der Weite, wo kein Hier noch Jetzt, weder Natur noch Gedanke ist; wo die Seele sich über Zeit und Denken erhoben hat und in einem ewig gegenwärtigen Zustande ist. Sie findet statt in dem allerinnersten Wesen der Seele, im Fünklein der Vernunft; aber alle Kräfte der Seele werden sie gewahr in einer göttlichen Wahrnehmung. Da ist von keiner „Andacht" oder „frommen Rührung" die Rede, sondern der Geist steht da in einer reinen Anschauung der obersten Wahrheit. Auch der Körper ist in einer stillen Ruhe, dass kein Glied sich bewegt; denn das ewige Wort wird geboren zugleich im Geiste und im Körper. Keine Kraft der Seele übt dabei ihre Funktion; alle ihre Kräfte sind im Innersten gesammelt. Es ist somit Gottes Geburt in der Seele nichts anderes als ein Ergriffenwerden von Gott (der Wahrheit) *in besonderer himmlischer Weise, wobei Gott den Geist aus dem Sturme unnatürlicher Unruhe in seine stille Einfachheit lockt, in der sich Gott mit seiner ihm eigenen göttlichen Natur dem Geiste mitteilen kann. Diese Geburt ist ein Akt, der sich wiederholen kann und soll, und dessen Wirkungen durch Wiederholung immer kräftiger werden. Die Seele, in der die Geburt einmal geschieht, wird nach Gott geformt; je öfter aber diese Geburt geschieht, desto mehr wird die Seele stark in Gott und in das Herz Gottes hineingebildet.*[29)]

Dadurch erwacht das geistige Leben im Menschen und mit diesem Leben tritt ein neues Bewusstsein, eine neue Art der Wahrnehmung und Erinnerung ein, und neue mystische Kräfte entfalten sich, die der Erdenmensch nicht kennt und nicht kennen kann, weil sie nicht ihm, sondern dem allgegenwärtigen geistigen Menschen angehören, von welchem der nicht wiedergeborene irdische Mensch nichts weiß. Aus diesem Grunde ist aller zur Befriedigung der wissenschaftlichen Neugierde unternommene Mystizismus zwecklos und führt zu nichts, und der Anfang zur Kenntnis der okkulten Wissenschaft ist das Aufgeben seines Selbsts mit allem seinem Selbstwissen, Selbstwollen und Können. Um aber diese Lehre zu begreifen, dazu gehört, wie Sankaracharya sagt, der Besitz der Fähigkeit in sich selbst, das Wahre und Unvergängliche vom scheinbaren und vergänglichen Selbst unterscheiden zu können. Wer dies in sich selbst unterscheiden kann, der kann es auch in anderen Dingen und Personen unterscheiden, und wie das äußere Auge das Materielle erkennt, so erkennt das Geistesauge den Geist, der in allem wohnt und doch über alles erhaben ist. „Wer in allem Wesen und in sich selbst den Einen, Alleinigen, den höchsten Herrn der Welt erblickt, den Ewigen, der in vergänglichen Dingen wirkt, der ist der richtige Seher. Wer erkennt, dass die voneinander verschiedenen Eigenschaften der Dinge nur von einem Wesen allein ihren Ursprung haben, der geht in Brahma ein.“ (Bhagavad Gita XIII, 27—30). Dies ist das große Geheimnis. Wer es erfasst, der hat die Unsterblichkeit erkannt.

Christentum

„Wir tragen Weisheit für die Gereifteren vor; aber nicht Weisheit dieses Zeitalters und der Großen dieser Welt, welche zu nichts werden; sondern wir tragen geheimnisvolle und verhüllte Weisheit (theosophia) vor, die Gott von Ewigkeit zu unserer Herrlichkeit bestimmt hatte.“ I. Korinth. II, 6 u. 7.

Das Wort „Christus“ kommt ursprünglich aus dem Sanskrit, und Chréstés bezeichnete bei den alten Griechen (Äschylos, Herodotus etc.) einen Propheten. Justin Martyr nennt seine Mitgläubigen „Chéstiani“, und Lactantius (L. IV. C. VII) sagt, dass aus Unwissenheit Leute sich „Christiani“ statt „Chréstiani“ nennen. Chrestos bezeichnete ursprünglich einen Schüler der Weisheit auf dem Wege der Initiation; hatte er alle Hindernisse überwunden und sich gereinigt, so wurde er ein „Gesalbter“, ein Christos[30)].

Dies wird genügen, um anzudeuten, dass das Wort „Christentum“ etwas viel höheres bedeutet, als was man gewöhnlich darunter versteht, und dass ein wirklicher Christ nicht der Anhänger irgend einer Sekte, die sich „christlich“ nennt, sondern ein Mensch ist, der den Weg der göttlichen Selbsterkenntnis und Unsterblichkeit wandelt. Ebenso wenig ist der wahre Christ der Anhänger irgendeines Menschen oder beschränkten Wesens namens „Christus“, sondern ein Mensch, welcher dem Lichte der ewigen Wahrheit, das der ganzen Welt ohne Unterschied der Nationalität oder Konfession leuchtet, empfänglich ist. Eckhart sagt:

Gott ist unser Vater und die Christenheit (die Gotteserkenntnis) *ist unsere Mutter, Christus* (die Wahrheit) *ist überall, nicht der Art nach, sondern nur dem Grade nach von uns verschieden. Von einem Eintreten für uns ist keine Rede, vielmehr sollen wir durch sittliche Vollendung Christus selber werden, und ohne dies kann uns auch das Leiden und der Tod Christi nichts helfen.*[31)] *Wir dürfen daher auch das wahre Christentum nicht mit dem „christlichen“ Kirchentume verwechseln; denn eine Kirche kann nur insoweit wahrhaft christlich sein, als sie dem Menschen den Weg zur Wahrheit zeigt; ihn dazu anleitet, wie er sich verhalten muss, damit sich in seinem Innern die Lotusblume der göttlichen Selbsterkenntnis entfalten, in ihm selbst der Gottmensch* (Christus) *erwachen kann. Die Wahrheit gehört der Ewigkeit, die Kirche auf Erden der Vergänglichkeit an*[32)]. *Das Merkmal eines Kirchengängers ist, dass er die Kirche, dasjenige eines wahren Christen, dass er Gott als sein Höchstes erkennt; die äußerliche Kirche mag zur Erlangung der Gotteserkenntnis ein Hilfsmittel oder ein Hindernis sein. Ein Hilfsmittel ist sie, wenn man in ihr die Lehre der Wahrheit findet und dieselbe befolgt; ein Hindernis ist sie, wenn man in dem blinden Glauben an Dogmen und Theorien stecken bleibt. „Die kirchlichen Übungen und Vorschriften sind nicht das Höchste; sie haben ihre Berechtigung bis dahin, wo der Gläubige über sie hinauswächst.*[33] Dadurch ist noch niemand zur göttlichen Weisheit gelangt, dass er die Kirche und mit ihr die Wahrheit, welche in ihr gelehrt wird, verachtet, oder sich einbildet, dass er dieselben nicht nötig habe; auch nicht dadurch, dass er blindlings an Dinge glaubt, von denen er eine verkehrte Auffassung hat; sondern nur dann kann er auf das kirchliche herabblicken, wenn er über dasselbe emporgewachsen ist, und der Glaube an Meinungen hat erst dann wirklichen Wert, wenn man den Gegenstand, um den es sich dabei handelt, richtig begreift. Wenn aber die Kirche selbst die Wahrheit, welche sie zu lehren vorgibt, nicht mehr erkennt, den Geist mit der Form, den äußerlichen Schein mit dem innerlichen Wesen verwechselt und ihr Selbstinteresse höher hält als die Wahrheit, dann ist sie auch in Wirklichkeit keine christliche Kirche, d. h. keine Schule der Weisheit mehr, und nicht länger von der Weisheit berufen oder fähig, die Weisheit zu lehren. Ob sie das, was sie zu sein vorgibt, ist oder nicht ist, darüber entscheidet nichts anderes, als die eigene höhere Erkenntnis, die vom Geiste der Wahrheit erfüllte Vernunft, welche in allen menschlichen Dingen die oberste Richterin ist. Ohne dieses Licht der Vernunft ist der Mensch nur ein Tier, dem man vielleicht eine künstliche Art von Moral oder Dressur, aber keine wahre Religion beibringen kann. Unter solchen Tiermenschen können alle möglichen Arten von Intellektualität, Klugheit, Scharfsinn, Logik, usw. vertreten sein; man kann unter ihnen große Geschichtsforscher, Theologen, Philosophen, Chemiker, Gelehrte und Professoren usw. finden; aber alles dies gehört nicht zur wahren Erkenntnis und bringt keinen Christen hervor.

Ein Christ im wahren Sinne des Wortes ist ein Mensch, in dessen Seele das Licht der Gotteserkenntnis gedrungen ist. Wird er ganz von diesem Lichte erfüllt, so ist er Christus; d. h., er ist durch diese Vereinigung (Yoga) eins mit dem Einen unsterblichen und allgegenwärtigen Lichte der göttlichen Weisheit; eins mit Christos, dem Gottmenschen, geworden. Von einem solchen Menschen sagt Eckhart:

Die Seele vereinigt sich mit Gott wie die Speise mit dem Körper. Wie diese Auge wird in den Augen und Ohr in den Ohren, so wird die Seele Gott in Gott. Mit einer jeglichen göttlichen Kraft vereinigt sie sich, wie die Kraft in Gott ist, und Gott vereinigt sich mit der Seele, so wie jegliche Kraft in der Seele ist; die beiden Naturen fließen in einem Lichte zusammen, und die Seele wird (in ihrer Eigenheit) *zunichte, indem sie ihre höchste Form erreicht. Was sie ist, das ist sie in Gott. Die göttlichen Kräfte ziehen sie in sich, wie die Sonne alle Kreaturen in sich zieht*[34)]*. Die Seele wird mit der bloßen Gottheit* (Atma) *vereint, sodass sie in dieser nicht mehr als besonderes Wesen gefunden werden kann; ebenso wenig als ein Tropfen Weines mitten im Meer.*[35)]

Das Feuer verwandelt in sich, was ihm zugefügt wird, und bringt es in seine Natur. So werden wir in Gott verwandelt[36)]*. Es ist noch dieselbe Seele, aber ein anderer Zustand der Seele; denn die alte Weise ist ganz dahin und tot. Die Seele hat ihr rechtes Wesen wieder gewonnen und steht in ihrer ursprünglichen Unschuld. Die* (individuelle) *Vernunft und alles in Begriffen Erfassbare bleibt draußen; die Seele wird in die reine Einheit aufgenommen. Was bisher die oberste Seelenkraft gewirkt hat, das wirkt nun Gott im Menschen; sie aber steht ledig und frei aller Dinge. Man kann dann wohl sagen: Dieser Mensch ist Gott und Mensch. Er hat das alles erlangt von Gnaden, was Christus hatte von Natur. Der Leib ist so durchströmt von der herrlichen Wesenheit der Seele, dass man wohl sagen kann, dies ist ein göttlicher Mensch*[37)]*. Er ist mehr Gott als Kreatur*[38)]*. Wer in den göttlichen Standpunkt verzückt wird, der versteht sich nicht anders, als dass er das Wesen* (Parabrahm) *sei, aus dem Gott (Brahma) sein Wesen und seine Gottheit entnimmt.*[39)]

Ein wirklicher Christ ist somit dasselbe, wie ein indischer Yogi; d. h. ein Mensch, der in vollem Ernste die Vereinigung seines persönlichen Ichs (Manas) mit Gott (Atma Buddhi) erstrebt, und es unterliegt keinem Zweifel, dass die ersten „Christen" Angehörige einer Yoga-Schule waren, deren Zweck es war, durch die Übung der Ergebung ins Höchste sich mit Gott zu vereinigen und durch diese Vereinigung zur Unsterblichkeit zu gelangen. Als aber diese erhabene Lehre allgemein verkündet, und deshalb auch von denen, die sie nicht zu erfassen vermochten, allgemein missverstanden wurde, da wuchsen aus diesen Missverständnissen nach und nach die unzähligen Sekten, wie wir sie heutzutage sehen, mit ihren vernunftwidrigen Dogmen und unverständigen Glaubensartikeln, Fanatismus und Intoleranz, Äußerlichkeiten und Heuchelei.

Man kann füglich das Christentum, so wie es jetzt ist, unbeschadet der verschiedenen Sekten, aus denen es zusammengesetzt ist, in folgende Klassen einteilen:

1. Yogis oder Heilige, deren es blutwenige gibt; d. h. Menschen, die, wie oben beschrieben, zur göttlichen Selbsterkenntnis gekommen sind.

Zu diesen gehörte Eckhart, wie aus seinen Schriften hervorzugehen scheint; denn die Lehren, welche er verkündete, gingen augenscheinlich aus seiner eigenen Erfahrung, und nicht, wie manche seiner Kommentierer glauben, aus seiner „Spekulation" hervor.

Die Heiligung beginnt erst mit der vollzogenen Wiedergeburt. Weit entfernt, dass wir nach erlangter Gnade die Hände in den Schoss legen könnten, beginnt erst vielmehr dann die rechte gottgefällige Wirksamkeit[40)]. *Davon kann keine Rede sein, dass man imstande der Gnade sich quietistisch alles Wirkens entledigen dürfe, vielmehr sind wir durch diese Geburt Gottes Sohn geworden, so wird auch all unser Leben göttlich, und das uns eingepflanzte Prinzip wirkt sich in den Werken der Liebe und Gerechtigkeit aus. Ein Rest der Unvollkommenheit bleibt freilich auch nach jener Geburt noch in den Begnadigten, weil die unendliche Fülle nicht ganz in die endliche Persönlichkeit einzugehen vermag*[41)]. *Aber diese Unvollkommenheit ist da nur wie ein Zufall, die Heiligkeit ist das Wesen. Wem in der Geburt das ewige Licht zuteilgeworden ist, der kann nicht mehr fallen. Wer Gott in jener Gnadenhöhe geschaut hat, der kann nicht mehr sinken. Er wird nimmer und in keiner Weise von Gott geschieden werden, und nimmer in eine Todsünde fallen, noch mit Willen eine geringere Sünde begehen.*[42)]

Die überfließende Fülle des Lichtes, das mit der Geburt in der Seele Grund kommt, ergießt sich auch in den Körper, und dieser wird dadurch verklärt. Alle Kräfte und der äußere Mensch werden durchleuchtet. Die höchste Erkenntnis kommt uns mit der Geburt. Wir erkennen die heilige Dreieinigkeit und alle Dinge, wie sie ein lauteres Nichts in Gott sind. Wie die Seele dem Leibe sein Wesen gibt, so ist Gott der Seele Leben. Wie die Seele sich ergießt in alle Glieder, so fließt Gott. in alle Kräfte der Seele; dass sie es weiter ergießen in Güte und Liebe auf alles, was unter ihnen ist[43)]. *Da soll der Mensch in allen seinen Handlungen ein Zeugnis ablegen vor dem Lichte der heiligen Dreifaltigkeit, das alle Menschen erleuchtet hat, dass sie den Sohn recht ergreifen, kennen und glauben, der im Menschen ohne Unterlass geboren wird*[44)]. *Dann bewirkt der Heilige Geist* (der Geist der göttlichen Selbsterkenntnis), *dass ich* (das illusive „Selbst") *in ihm gewissermaßen verbrannt werde und schmelze, und ganz und gar Liebe werde.*[45)]

Diese Art von Christen haben keinerlei Art von Wünschen. Da sie eins sind mit dem, aus dem Himmel und Erde hervorgegangen sind, so haben sie weder auf Erden noch im Himmel etwas zu erlangen, das sie nicht schon erlangt und darüber hinausgewachsen wären; sie haben ihrem „Selbst" und damit auch allen Begierden desselben entsagt.

Aber dieser Entsagung und Ergebung ins Höchste sind nur Wenige fähig, die große Mehrzahl bleibt bis zum Ende in den Banden der Selbstheit gefangen und betrachtet sich als etwas dem Wesen nach von Gott Verschiedenes, weshalb sie von ihm für sich selbst dieses und jenes zu bekommen hofft. Diese bilden die folgende Erlasse.

2. Die gewinnsüchtigen „Christen". Damit sind nicht nur diejenigen gemeint, welche von Gott gute Dinge, Reichtum, Gesundheit u. s. w. für sich und ihre Freunde zu erbitten oder zu verdienen suchen, sondern auch alle diejenigen, welche sich eines frommen und tugendhaften Lebenswandels befleißigen, um im „Jenseits" persönlich den Lohn dafür zu empfangen. Es ist klar, dass solchen Personen nicht Gott, sondern das eigene Selbst und dessen Wohlergehen das Höchste ist.

Manche Menschen sehen Gott an, wie sie eine Kuh ansehen, und wollen ihn lieben, wie sie eine Kuh lieben. Die liebst du um der Milch und des Käses, überhaupt um deines Nutzens willen. Ebenso tun alle die, die Gott lieben um des äußeren Reichtums oder innerer Erquickung willen; sie lieben Gott nicht in der rechten Weise, sondern aus Eigennutz. Jedes Motiv und jede Absicht, die etwas anderes ist, als Gott an sich selber, so gut sie auch sonst sei, ist doch nur ein Hindernis[46)]. *Wer Gott liebt, damit ihm etwas anderes zuteil werde, der tut wie der, welcher bei dem Schein einer Kerze etwas sucht. Hat er das Gesuchte gefunden, so wirft er die Kerze weg. Wird ihm das Begehrte zuteil, es sei Andacht oder Erquickung, so kümmert er sich um Gott selbst nichts mehr*[47)]. *Gott lohnt alles Gute, und was du um seinetwillen lässt, das gibt er dir hundertfältig wieder. Geht aber deine Absicht auf diese Vergeltung, so erhältst du nichts, denn du hast nichts gelassen*[48)]. *In dem Gerechten soll nichts wirken, als Gott allein. Treibt dich etwas Äußeres an in deinem Wirken, so sind deine Werke tote Werke*[49)]. *Hätte ich einen Freund und liebte ihn in der Absicht, dass er mir Gutes erwiese und alle meine Wünsche erfüllte, so liebte ich nicht den Freund, sondern mich selbst. So besteht die wahre Liebe zu Gott darin, dass man frei von aller Selbstsucht Gott allein um seiner Güte willen liebe, um alles dessen Willen, was er an sich selber ist. Die Furcht des Knechtes ist es, wenn man die Sünde aus Furcht vor der Qual der Hölle lässt, und nicht aus Liebe zu Gott. Die Furcht schielt mit dem einen Auge auf Gott, mit dem anderen auf die Qual. Das rechte vollkommene Wesen des Geistes ist es, wenn auch Himmel und Hölle nicht wäre, Gott doch zu lieben um seiner eigenen Güte willen*[50)].

Alles was der Mensch aus seinem illusiven Selbst will, tut, begehrt oder zu erlangen hofft, gehört, wie dieses Selbst, dem Reiche der Illusion, der Täuschung, der Vergänglichkeit an; deshalb gehört auch alles äußerliche „Sündenvergeben", alles Bitten und Betteln, um Gott zu bewegen, seinen Willen zu ändern, in das Reich der Illusion.

Die Busse soll in uns so kräftig sein, dass wir eher tausend Tode erleiden, als eine geringe Sünde begehen sollten. Wer da sagt, er habe rechte Busse, und in der Sünde beharrt, spricht unwahr und vermehrt seine Sünde[51)]. *Eine einzige ungebüßte Sünde, auch bei dem sonst heiligsten Leben, macht, dass der Mensch* (seine Persönlichkeit) *ewiglich verloren ist. Kein Gebet der Heiligen könnte ihm helfen. Wer aber tausend Todsünden geübt, und sie erkennt und in rechter Busse und ernster Willensbesserung abgelegt hätte, der würde selig sein mit den Seligen.*[52)] *Sobald der Mensch an seiner Sünde Missfallen empfindet, erhebt er sich zu Gott und beginnt sich emsig von allen Sünden hinwegzubekehren, in einem unveränderlichen Willensentschluss.*

Da fasst er festes Vertrauen zu Gott und gewinnt eine große Sicherheit; davon kommt eine geistige Freudigkeit, welche die Seele über allen Schmerz und Jammer emporhebt und in Gott befestigt[53)]. *Die Frucht der rechten Busse ist die Vergebung* (das Weggeben oder Verlassen) *der Sünde. Alle Sünden, über die man die rechte Busse empfindet, hat Gott vergessen, und wir sollen ihrer nicht mehr gedenken*[54)]. *Gott kümmert sich nicht um das, was du getan hast, sondern um das, was du bist. Er ist ein Gott der Gegenwart; wie er dich findet, so nimmt er dich und sieht nicht an, was du gewesen bist, sondern was du jetzt bist*[55)]. *So oft der Mensch in eine Gleichheit mit Gott gelangt, dass ihm Gott so lieb wird, dass er sich selbst verleugnet und das Seine nicht sucht, weder in Zeit noch in Ewigkeit, so oft wird er aller seiner Sünde und seines Fegefeuers ledig und hätte er auch aller Menschen Sünde getan. Denn was ein*

Tropfen ist gegen das Meer, das ist aller Menschen Sünde gegen die grundlose Güte Gottes[56]*.“*

Das richtige Gebet aber ist die Erhebung der Seele zur Freiheit; dorthin, wo alle selbstsüchtigen Wünsche aufhören, und nicht ein Betteln um Erfüllung persönlicher Begierden.

Gottes Wirken ist ein überzeitliches, so fern von aller Veränderung, und so sehr die notwendige Folge seines Wesens, dass von einer Willensveränderung in Gott, von einer eigentlichen Gebetserhörung keine Rede sein kann. Kein einzelnes Ding, keine bestimmte Vorstellung oder Begierde, kein besonderer Begriff ist es überhaupt wert, dass ein Menschenherz davon erfüllt werde; es gibt also auch kein Herzensanliegen, das Gott mit Recht vorgetragen werden dürfte. Das Gebet ist als eine nützliche Übung anzusehen, um die zerstreuten Gedanken zu sammeln, und auf das Eine zu lenken, was not ist[57]*. Alle Kreaturen, wenn man ihnen schaden will, fliehen an ihren Zufluchtsort; so fliehen wir zu Gott. Moses betet und Israel siegt; „Israel“ aber bedeutet alle Frommen, die mit andächtigem Gebete ihre Anfechtungen überwinden sollen. Aaron und Ur, die Mosis Arme stützten, bedeuten standhaften Mut und glühende Liebe.*[58]

Das andächtige Gebet ist wie eine goldene Leiter, die an den Himmel hinanreicht, und auf der man zu Gott emporsteigt. Wenn die Seele nicht mit Sünden beschwert ist, so wird es ihr zur Natur, dass sie sich leicht in Andacht zu Gott erhebt, wie eine leichte Feder, die ein geringer Hauch in die Höhe entführt.

Das beste aller Gebete ist dasjenige, welches ohne Worte vom Herzen kommt. Das ist die vollkommenste Weise zu beten[59]*.“ Erst wenn der Mensch ganz gesammelt ist, beginnt die wahre Anbetung*[60]*. Das kräftigste Gebet und zugleich das mächtigste, um alle Dinge zu erwerben, ist das, welches aus einem ledigen Gemüte stammt. Ledig aber ist das Gemüt, welches mit nichts belastet oder beschwert und an nichts gebunden ist, nirgends das Seine begehrt und allzumal in den Willen Gottes versenkt ist. So kräftig soll man beten, dass alle Glieder und Kräfte, Augen und Ohren, Herz, Mund und alle Sinne sich darauf richten, und nicht eher soll man aufhören, als bis man mit dem, den man da gegenwärtig hat und bittet, d. h. mit Gott, sich vereinigen will.*[61]

Das rechte Gebet ist das, wobei man um nichts bittet. Wenn ich um etwas bitte, so bete ich nicht; wenn ich um nichts bitte, da bete ich recht. Wenn ich dort in dem Einen bin, wo alle Dinge gegenwärtig sind, das Vergangene, das Gegenwärtige und das Zukünftige, so sind sie alle gleich nahe und gleicherweise eins; alle in Gott und alle in mir. Wer um etwas anderes bittet, als um Gott, der huldigt einem Abgott. Die im Geiste und in der Wahrheit beten, die beten recht. Bist du krank und bittest Gott um Gesundheit, so ist dir die Gesundheit lieber als Gott, so ist er dein Gott nicht. Er ist Gott des Himmels und der Erden; aber dein Gott ist er nicht[62)]*. Wer den Vater anbeten will, der muss sich mit seinem Begehren und Vertrauen in die Ewigkeit versetzen. Sobald du Gott um der Kreaturen willen anbetest, so bittest du um deinen eigenen Schaden; denn solange die Kreatur Kreatur ist, trägt sie in sich Bitterkeit und Schaden, Übel und Ungemach*[63)]*. Im Gebete sollte es nicht heißen: „Gib mir diese Tugend oder jene Lebensweise", sondern: „Gib mir nichts, als was du willst, und tue, Herr, wie du willst und was du willst in aller Weise*[64)]*."*

Alles äußere Werk ist gleichgültig; so auch das Gebet. Das Herz wird nicht rein durch das äußere Gebet, sondern das Gebet wird rein durch das reine Herz.[65)]

In der Klasse der gewinnsüchtigen Christen gibt es vielerlei Gattungen; der große Baum des Christentums trägt verschiedenartige Blätter und bringt vielerlei Früchte hervor. Das Christentum ist gleich vielem anderen, ein Licht, das einen wahren Kern, eine Flamme hat; diese um giebt der äußere Schein, welcher für viele so blendend ist, dass sie die Licht gebende Flamme in der Mitte nicht sehen können; dieser Schein spiegelt sich wieder in tausendfacher Gestalt, je nach der Gestalt der Formen, von denen er reflektiert wird; aber alle, die zu dieser Klasse gehören, sind mehr oder weniger auf ihren eigenen Vorteil, ihre eigene Seligkeit bedacht, von dem Mönche angefangen, der durch Selbstquälerei sich einen behaglichen Sitz im Himmel als Belohnung für seine Torheit erwerben will, bis herab zum blinden Fanatiker, welcher meint, dass mit einem starren Festhalten an einem Dogma, mit der vernunftwidrigen Bejahung einer verkehrt ausgelegten Fabel alles getan sei, was nötig ist, um sich des Himmelreichs zu versichern. In Bezug auf diese sagt Eckhart:

Alles Geborene, Engel und Heilige, muss schweigen, wenn die ewige Weisheit des Vaters zu uns spricht, und diese Weisheit spricht zu uns in der Schrift[66)]*. Die heiligen Schriftsteller sind vom heiligen Geiste* (der Selbsterkenntnis) *angetrieben worden, das, was sie erkannt hatten, uns zu unserer Seligkeit mitzuteilen*[67)]*, aber um die in diesen Schriften enthaltene Wahrheit zu erkennen, muss* *man sie erst aufdecken und ihren tieferen Sinn bloßlegen, d. h., man muss diese Schriften bei demselben Lichte betrachten, aus dem sie geflossen sind, und nicht im Lichte der eigenen Phantasie*[68]. Es ist der Heilige Geist, der sie schrieb, und es ist auch der Heilige Geist, der sie liest und versteht. Es handelt sich da weder um den törichten Glauben an die äußerliche Form einer Fabel, noch darum, dass man die Fabel willkürlich deutet und etwas hineinlegt, was nicht hineingehört, sondern darum, dass man den tiefen Sinn der Fabel ergründet und findet und erkennt, welcher gerade deshalb in das Gewand der Fabel gekleidet ist, um den Menschen anzuregen, selber nach der geheimen Bedeutung zu suchen, damit er die Wahrheit selber sieht und sich nicht damit begnügen soll, zu glauben, was ihm ein anderer davon sagt. *Das Höchste ist nicht die Schrift, sondern Gott. Dass wir Gott nicht finden, daran ist gerade das schuld, dass wir den unter Gleichnissen suchen, für den es doch kein Gleichnis gibt. Das Höchste, wozu uns die heilige Schrift anleiten kann, ist eine Erkenntnis, die Gott weit mehr unähnlich als ähnlich ist*[69]. *In Worten lässt sich Gottes Wesen nicht ausdrücken*[70]. *Ein Weiser sagt, Gott offenbare sich in der Schrift und in den Kreaturen; aber Paulus sagt: Gott hat sich in seinem eingeborenen Sohne geoffenbart, und in diesem soll ich alles vom Geringsten bis zum Höchsten durchaus und rein in Gott selber erkennen. Dazu müssen wir allem entwachsen, was nicht Gott ist.*[71]

Ebenso haben auch alle Zeremonien u. dgl. nur den Zweck, den Sinn auf dasjenige, was sie vorzustellen bestimmt sind, hinzuleiten. Das, was innerlich stattfindet, soll dadurch äußerlich dargestellt sein; findet es innerlich nicht statt, so hat die äußerliche Darstellung an sich keinen Wert.

Was sucht ihr an dem toten Gebein? Warum sucht ihr nicht das lebendige Heil, das euch ewiges Leben geben kann. Der Tote hat weder etwas zu geben noch zu nehmen[72]. *Wer den Leib Gottes nimmt und ist von Sünden nicht lauter und rein, der wird mit dem Leibe Gottes nicht vereinigt, sondern dieser wird ihm zu einem strengen Gerichte*[73]. *Das Äußere ist überhaupt gleichgültig. Wer Gott hat, der hat in ihm alles. Wenn darum der Mensch in sein Gewissen geht und nichts darin findet, das ihn straft, so ist er frei mit vollem Frieden vor allem Gericht, denn alle Predigt bezieht sich allein auf den inneren Menschen*[74]. *Sakrament heißt Zeichen. Wer am Zeichen haften bleibt, kommt nicht zur inneren Wahrheit, auf welche jenes bloß hinweist Das Sakrament ist etwas Äußerliches, die Wahrheit aber etwas Innerliches, viele lassen sich durch die*

Äußerlichkeit der Sakramente an der unmittelbaren Anschauung Gottes hindern[75]*. Wer innerlich ebenso beschaffen wäre beim Genuss äußerer Speise, wie er beim Genusse des Sakraments sein soll, der empfinge dabei Gott ebenso gut wie in dem Sakrament.*[76]

Deshalb ist auch die Anbetung eines hölzernen Christus oder einer „historischen" Persönlichkeit dieses Namens ein Hindernis, den wahren lebendigen Erlöser kennenzulernen, der im Herzen von allen wohnt. Was die Person des Nazareners anbelangt, welche wie jeder andere Mensch eine Erscheinung war, hervorgebracht durch die Inkarnation des Geistes in der Materie, so hängt unser Heil nicht davon ab, dass wir meinen, dass ein anderer Mensch so oder anders beschaffen war, sondern unser Heil hängt davon ab, was wir selber sind. In jedem Menschen ist *der Sohn ewig dem Vater immanent, auch in seiner zeitlichen Daseinsform.*[77] *Was der Sohn annahm, das war nur die eine, allen einzelnen Personen gemeinsame menschliche Natur, die Menschheit, nicht eine bestimmte menschliche Person. Hätte das ewige Wort eine menschliche Person angenommen, so wären vier Personen in der Dreifaltigkeit. So aber ist es nicht.*[78] *In der grundlosen Substanz der Gottheit stand die menschliche Natur unverrückt in ihrer höchsten Allgemeinheit, in einem alles überstrahlenden Glanze, um allen Kreaturen zur Lust auszustrahlen. Darum musste göttliche und menschliche Natur vereinigt werden. Die Gottheit durchdrang die Menschheit, als die Menschheit reif dazu war; sie ist die Liebe, die ewig aus dem unergründlichen Grunde Gottes geflossen ist.*[79] *In diesem Sinne ist das Wort Fleisch geworden und ist Christus vom Vater geboren in vollkommener Gleichheit mit dem Vater, und hat unsere Menschheit angenommen und mit sich vereinigt, als wahrer Gott und wahrer Mensch und ein einziger Christus.*[80] *Gott ward Mensch, weil er die Natur der Dinge von Gnaden annahm in der Zeit, wie er sie von Ewigkeit her in sich trug von Natur.*[81] *Die zeitliche Geburt des Sohnes ist nur ein Moment in seiner ewigen Geburt.*[82]

Als das Gottesbewusstsein in der Menschheit erwachte, da wurde der erste Mensch geboren, denn Adam, der Erdensohn, ist nur eine Wohnung für den wahren Menschen, Christus, den Sohn des Lichts. *Nicht Adam, sondern Christus* (der Gottmensch) *ist der erste Mensch, den Gott erschaffen hat, denn er war bei der Schöpfung des Menschen als ihr letzter Zweck im voraus bezweckt.*[83]. Der Zweck der Schöpfung war, dass die Natur Tiermenschen hervorbringe, in denen der Gottmensch wohnen kann; oder mit anderen Worten: *Seit Adams Fall müssen alle Kreaturen, die aus Gott geflos-*

sen sind (die „Götter" mit eingerechnet), *mit allen ihren Kräften dahin wirken, wie sie einen Menschen hervorbringen, der wieder* (nach erlangter Erkenntnis) *in jenen Zustand der Harmonie gelange, in welchem Adam vor dem Falle war, und der alle Menschen wieder in dieselbe Herrlichkeit zurückversetze, die sie in menschlicher Natur besaßen. Das ist in Christo vollbracht, und in diesem Sinne sind alle Kreaturen ein Mensch, und dieser Mensch ist Gott.*[84)]

Um Christus zu erkennen und durch ihn zur Unsterblichkeit zu gelangen, dazu genügt kein Glaube an einen einmal da gewesenen historischen Christus, sondern der Mensch muss selbst eins mit der Gottheit in der Menschheit werden, um den Gottmenschen in ihr und in sich selbst zu erkennen. *In dieser Geburt Christi sind wir alle eins. Hätte Gott tausend Söhne, sie müssten notwendigerweise alle ein einziger Sohn sein. Gott kann nur einen einzigen Sohn haben, wie er nur eine einzige Vernunft hat (oder ist).*[85)]

Wir alle sind ein einiger Sohn, den der Vater von Ewigkeit geboren hat, aus dem unaufgeschlossenen Verstande der ewigen, unergründeten Tiefe, noch ungeschieden von der letzten Ursache der ursprünglichen sich selbst genügenden Einfachheit.[86)]

Alles bloß Äußerliche hat für das Innere keinen Wert und deshalb sollen wir nicht in einem äußerlichen Bilde oder in einer historischen Persönlichkeit unsere Zuflucht suchen, sondern in Gott, d. h. in unserer Gottesnatur.

Christus ist für uns das Vorbild dessen, was auch wir werden sollen und zu werden die Macht haben. Die Einheit mit Gott ist auch bei dem Nazarener hauptsächlich in den obersten Kräften der Seele zu suchen (Buddhi-Manas); *sie wirkt sich aus in den niederen Kräften* (Kama-Manas) *und im Leibe vermittelst endlicher Tätigkeit.*

Mit seinen obersten Kräften hat er sich nicht einen Augenblick von der Anschauung der Herrlichkeit Gottes abwenden lassen, trotz aller endlichen und besonderen Wirkungen seines Verstandes und aller körperlichen Leiden.[87)] *Weil in ihm Christus so mit der Natur des Vaters vereinigt war, dass er sich nicht auch nur einen Augenblick von dem väterlichen Wesen der Gottheit abwenden konnte; so wirkte er alle seine Werke aus dem Wesen und in das Wesen, das allen Dingen ihr Wesen gibt.*[88)]

An ihm sehen wir, wessen die menschliche Natur fähig ist und welche Herrlichkeit wir erreichen können, wenn wir werden wie er. Christus war seinem Wesen nach (wie auch in uns) *nicht eine einzelne menschliche Form, sondern seine menschliche Natur ist der reine Gattungsbegriff der Menschheit, in welchem alle menschlichen Personen mit umfasst sind. Indem sich Gott in ihm mit der menschlichen Natur vereinigte, hat er die ganze menschliche Gattung verherrlicht. Christus sitzt zur Rechten des Vaters, d. h., er sitzt nirgends. Das Geringste an ihm ist allenthalben, das Höchste ist nirgends. Sitzen heißt ruhen, wo es keine Zeit gibt.*[89)] *Ebendahin sollen auch diejenigen gelangen, die mit ihm auferstanden sind. Er ist „aufgefahren zum Himmel", d. h., er hat seine Menschheit versöhnt, indem er sie der Zeit entnommen und sie in die Ewigkeit versetzt hat.*[90)] *Können wir nicht ein Mensch, sondern der Mensch werden, so haben wir von Gnaden alles das, was Christus hatte von Natur, denn da erfassen wir uns in derselben freien Totalität menschlicher Natur, die durch die Vereinigung mit dem ewigen Worte der Sohn des ewigen Vaters geworden ist. Dazu gehört, dass wir von allem Negativen scheiden, denn das Negative ist der Grund des Unterschieds und bewirkt, dass wir nicht der Mensch sind.*[91)]

Alles dies ist nichts anderes, als was schon vor Jahrtausenden die indischen Weisen, wenn auch mit anderen Worten und Ausdrücken lehrten. Shankaracharya sagt: Die erste Bedingung zur Erlangung der Gotteserkenntnis (Theosophie) ist der Besitz der folgenden vierfachen Gnadenskraft:

1. Nitya anitya vastu viveka.
2. Iha amuthra artha phala bhoga virâga.
3. Shama âdi shat sampatti.
4. Mumukshu twam.

D. h.:

1. Die Fähigkeit, das Wahre und Unsterbliche vom Schein und Vergänglichen zu unterscheiden.

2. Mit der Selbstverleugnung auch zugleich allem Verlangen nach Belohnung oder Erfüllung persönlicher Wünsche zu entsagen.

3. Der Besitz der sechs Tugenden: Ausdauer, Selbstbeherrschung, Begierdenlosigkeit, Sammlung, Abgeschiedenheit und Glaube.

4. Die Realisierung der Freiheit des Willens.

Das wahre Christentum besteht in der völligen Ergebung in Gott, im Entsagen nicht nur des Besitzes oder vielmehr des Wunsches nach dem Besitze irdischer Güter, sondern in der Entsagung vom eigenen persönlichen Selbst und einem Aufgehen dieses

Selbstes in der Gottheit (Nirvana). Die äußerliche Kirche dagegen und das gewinnsüchtige Christentum sind nicht auf diesen Felsen gebaut, sondern haben als Grundlage geradezu das Gegenteil, nämlich die Eigenliebe und Selbstsucht des persönlichen Menschen, dem sein Selbst (oder was er für sein „Selbst" hält) über alles geht, und dessen Vorteil im „Jenseits", wenn nicht im „Diesseits", er sichern will, und da, wie wir sehen, in der Kirche wohl die Entsagung theoretisch gelehrt, aber stets die Gewinnsucht praktisch geübt und auf sie spekuliert wird, so ist auch der Glaube an das unpersönliche göttliche Ich und mit ihm die Fähigkeit der Unterscheidung zwischen dem Sein und dem Nichtsein, wie auch das Verständnis für tiefere Religionsgeheimnisse verloren gegangen, und es wäre wohl zu wünschen, dass ein neuer Eckhart käme, um — nicht das Christentum — sondern dessen Irrtümer und Auswüchse zu beseitigen.

Um zur Vollkommenheit zu gelangen, muss der Mensch sein Universaldasein (Allgegenwart) in „Christus" dem Gottmenschen erlangen. Dies kann er nur dadurch tun, dass er seiner Beschränktheit (Persönlichkeit) entsagt und zum unpersönlichen Gottmenschen wird. Wer die Täuschung des beschränkten Selbsts in diesem gegenwärtigen Leben nicht los wird, der kann, wenn er gut, fromm und tugendhaft ist, auch nach dem Tode des Körpers sich dieser Täuschung im Himmel erfreuen, muss aber wieder zu einem neuen Dasein auf die Erde zurückkehren, bis dass er endlich die Nichtigkeit des Begriffes des Sonderseins erfasst und diese falsche Vorstellung aufgegeben hat. Diese Rückkehr oder Wiederverkörperung ist selbstverständlich keine von einem anderen Wesen über ihn verhängte Strafe, sondern das Gesetz seiner Natur. Solange er in der Beschränktheit ist, ist er in ihr, sei er nun auf Erden oder im Paradies.

Diese Lehre von der Reinkarnation ist nicht nur ein Hauptbestandteil der indischen Religionswissenschaft, sondern wer sie einmal versteht, der findet sie auch in Eckhart und in allen christlichen Mystikern; sie ist aber schwer mit einigen kurzen Worten zu erklären, denn um sie richtig zu erfassen, sind eine Menge falsche Auffassungen zu beseitigen. Es ist weder Gott selbst, noch die Persönlichkeit, welche sich reinkarniert, sondern der eine von Gott, dem höheren Selbst (Atma), der geistigen Sonne ausgesandte individuelle Strahl, welcher eine menschliche Erscheinung auf Erden hervorbrachte und dieselbe beseelte, kehrt nach dem Tode, und nachdem er die nach dem Tode des Körpers eintretenden Zustände

(Kama-loka, Devachan etc.) überdauert hat, wieder in „Gott" zurück, und „Gott" bildet aus ihm einen neuen Strahl, der wieder eine neue menschliche Erscheinung auf dieser Erde oder auf einem anderen Planeten hervorbringt. Diese neue Erscheinung ist ein neuer Mensch und dennoch in gewisser Beziehung der vorige oder vielmehr das Produkt des vorhergehenden und sein „Sohn", denn es sind in dem individuellen Strahle, der ihn belebt, die geistigen Fähigkeiten, Talente, „Belohnungen und Strafen" (Karma) enthalten, welche er sich als sein eigener „Vater" im früheren Dasein geschaffen hat. Dass diese Lehre nicht in ihren Einzelheiten in Eckhart erklärt ist, wird darin seine Ursache haben, dass ihm der Schlüssel hierzu, die siebenfache Konstitution des Makrokosmos und Mikrokosmus abging, oder dass, wenn er dieselbe kannte, er es doch nicht für zweckmäßig hielt, sie dem öffentlichen Unverständnisse preiszugeben. Er sagt:

Wenn die Seele vom Leibe abscheidet, das ist ihr (der Persönlichkeit) *letzter Tag, und einen höheren Standpunkt von Gotteserkenntnis, als sie in diesem Zeitpunkte erreicht hatte, wird sie nimmer erreichen.*[92] *Die Aufgabe des irdischen Lebens ist, alle Kräfte der Seele und des Leibes allmählich durch Übung und Gewöhnung mit dem göttlichen Prinzipien zu durchdringen. Nach diesem irdischen Leben aber fließt die Seele in ihren natürlichen Ursprung zurück, aus dem sie ausgeflossen ist, und je mehr sie sich ledig gehalten hat von zeitlichen Vorstellungen und Kreaturen, desto gottähnlicher fließt sie in Gott wieder ein.*[93] *Die Seligkeit ist nichts anderes, als der Genuss dieses Gottähnlichseins; sie besteht in der reinen Anschauung Gottes* (des göttlichen Selbsts). *Der Seele, die in der Gottähnlichkeit und in ihrer herrlichen Anlage verharrt, und von einem Gute zum anderen fortschreitet, wird im Augenblicke, wo sie vom Leibe scheidet, das ewige Leben aufgetan; da wird sie von einem göttlichen Lichte umfangen, in Gott verpflanzt und in ihn hineingebildet. Jede Kraft der Seele erhält dann das Ebenbild der göttlichen Personen, der Wille das Ebenbild des heiligen Geistes, die Vernunft das Ebenbild des Sohnes, das Gedächtnis das des Vaters und der göttlichen Natur, und zugleich bleibt sie doch ein ungeteiltes Ganzes.*[94]

Derjenige „Teil" oder diejenige „Region" der Seele, welche Gotteserkenntnis erlangt hat, kehrt deshalb nicht wieder zur Erde zurück; sie ist die Wurzel des „heiligen Feigenbaumes", dessen Zweige sich über die ganze Erde erstrecken; aber die „Zweige", d. h. die niederen Seelenkräfte, tauchen wieder ins Meer des äußerlichen Lebens in der Erscheinungswelt ein und fassen neue Wurzeln in der Erde, mit der sie verwandt sind und zu der sie sich angezogen fühlen; während der in Gott ruhende Teil sein Licht über sie leuchten lässt „Gott" (die ewige Einheit) ist nicht nur das Ziel, sondern auch der Ursprung aller Evolution; aus ihm kommt alles hervor und kehrt wieder in ihn zurück.

Gott ist alles und alles ist Gott. Er ist der Vater aller Dinge, denn er ist ihre Ursache. Seine Natur ist die Mutter aller Dinge; denn sie bleibt bei der Kreatur und erhält sie in ihrem Wesen. Gott gibt der Natur alles, Form und Materie.[95)] *Er ist das Zentrum aller Dinge.*[96] *Er wirkt alle seine Dinge, so dass sie in ihm immanent bleiben.*[97)]

Wenn deshalb „Gott" oder vielmehr das göttliche Licht (die Seele) in einer neuen Erscheinung (Verkörperung) als Mensch auf der Erde herumspaziert, so hindert das diese Seele nicht, auch zugleich in Gott zu sein, da ja das göttliche Licht, ihr eigenes wahres Selbst, der Boden, in dem sie wurzelt, ihr eigenes wahres Wesen ist. Dass aber Eckhart unter „Gott" das eigene wahre Wesen, das Selbst, welches niemanden unterworfen ist, versteht, geht auch aus Folgendem hervor:

Wie Gott in den Dingen das Wesen ist, das lässt sich sehr wohl begreifen, wenn wir statt „Gott" das Wort „Wesen" setzen. Als Wesen ist Gott in allen Dingen.[98)] *Gott hat alle Dinge in einer vollkommenen Form in sich.*[99)] *Darum sind die Dinge in Gott edler, als sie an sich selber sind. Aber nicht mit seiner Persönlichkeit ist Gott in den Dingen und nicht mit seiner Natur. Person und Natur sind eins im Wesen, und so als Wesen ist Gott an allen Stätten und an jeglicher Stätte ist Gott ganz.*[100)] *Er ist das Wesen aller Kreaturen; das Wesen, welches aller Kreaturen Wesen in sich hat.*[101)]

Dieses Eine Wesen aber ist die Seele selbst, wenn sie sich selber erkennt. Sie ist das Höchste (Atma) und es ist nichts über ihr.

Der Mensch kann sich selber wollen in seiner Endlichkeit; Gott muss sich selber wollen und kann nichts anderes wollen, als sich selbst. Deshalb ist all sein Wille mit Notwendigkeit dahin gerichtet, alles Endliche in sich zu bekehren, in der menschlichen Seele sich selber hervorzubringen, vermittelst derselben alle Dinge in sich zu vereinigen.[102)] *Empfängst du von Gott deine Menschheit, so empfängt er von dir seine Gottheit.*[103)]

Die Lehre von der Reinkarnation der göttlichen Seele des Menschen bildet einen der Grundpfeiler der christlichen Religion und wer sie einmal richtig erfasst hat, findet sie in der Bibel und in der christlichen Symbolik dargestellt. Dreimal fällt Jesus auf seinem Wege nach Golgatha. D. h., in jedem Menschen trägt die Seele das Kreuz des materiellen Daseins mit seinen Leiden nach dem schwer zu erklimmenden Berge der Selbstentsagung und der Verklärung in Gott. „Dreimal" fällt sie, d. h., sie ist in der Vergangenheit in die Materie gefallen, fällt noch immer ins irdische Dasein und wird auch in Zukunft fortfahren, sich im materiellen Dasein zu „reinkarnieren", bis dass sie den Gipfel erreicht, den Eigenwillen gekreuzigt, die Illusion des „Selbsts" aufgegeben hat, dem Scheinleben abgestorben und das göttliche Dasein erlangt hat. Dann erst kann sie sich sagen: „Es ist vollbracht!", d. h.: „Ich habe den Zweck meiner Pilgerfahrt mit ihren vielen Stationen, die göttliche Vollkommenheit durch das Aufgeben des Egoismus erlangt."

Damit aber die Seele (Buddhi-Manas) sich reinkarnieren kann und ihre Individualität beibehält, dazu ist die Auferstehung des Fleisches eine absolute Notwendigkeit; denn unter „Fleisch" wird die niedere Seele (Kama-Manas) und nicht der Kadaver verstanden. Das „Fleisch", welches der Seele auf ihrem Wege anhängt, ist gebildet durch die materiellen Begierden, persönlichen Neigungen, Erinnerungen, Sinneseindrücke usw., welche dem niederen Astralkörper (Kama-rupa) angehören. Aus diesen bildet sich das Gewand, welches die Seele bei ihrem neuen „Fall" in die Materie anzieht, und auf diesem Plane wird durch die Hand der Natur der neue auf Erden geborene Mensch aufgebaut, um sich weitere Erfahrungen auf seinem Kreuzgange zu suchen, bis er endlich zur göttlichen Weisheit gelangt.

Dass aber alle diese göttlichen Wahrheiten dem oberflächlichen und beschränkten Verstände eines Menschen, der sie nicht begreifen will und nicht fassen kann, nicht mit ein paar Worten zu seiner Zufriedenheit erklärt und auseinandergesetzt werden können, bedarf keiner Versicherung. Deshalb werden sie für solche Menschen auch stets Geheimnisse bleiben und solche Menschen werden es bequemer finden, das, in dem sie nichts sehen können, als wertlos zu verwerfen, statt darnach zu trachten, den Schleier zu lüften, der ihre eigene Gottheit vor ihren Blicken verhüllt. Die Erkenntnis des geistigen Menschen ist eine ganz andere, als diejenige des wissenschaftlichen Beobachtens in der sinnlichen Welt. Theosophie ist die exakte Wissenschaft auf dem Gebiete des göttlichen Geistes. Wie es aber keine exakte materielle Wissenschaft geben kann, wo keine Fähigkeit des Anschauens und des Beobachtens vorhanden ist, so muss auch auf geistigem Gebiete erst die Fähigkeit der geistigen Anschauung vorhanden sein, ehe von einem exakten geistigen Wissen die Rede sein kann. Ohne diese ist alles materielle und geistige angebliche Wissen nur Schwärmerei und Träumerei. Die einzige Richtschnur ist die Vernunft.

Die oberste Vernunft ist das ursprüngliche Wesen und das Ziel aller Entwicklung der Seele. Alle Kräfte der Seele sind Knechte dieser Vernunft, um sie über die niedrigen Dinge zu erheben und ihr emporzuhelfen in den Ursprung. Steht nun die Seele vor ihrem Ursprung, so bleiben die Kräfte draußen, und sie steht da, nackt und namenlos, aller Bestimmtheit entkleidet. Dieser oberste Teil der Seele ist über der Zeit erhaben und weiß so wenig von der Zeit als von dem Leibe. Vergangenheit, Gegenwart und Zukunft ist da eins. In Ort und Zeit erkennt das Tier, der Mensch über Ort und Zeit. Das Jetzt, der kleinste Zeitteil, hat noch immer etwas von Zeit an sich; es ist der Zeit verwandt und grenzt an die Zeit. Deshalb muss es hinweg.

Ebenso ist es mit dem Raum. Was jenseits des Meeres ist, ist der Seele ebenso gegenwärtig, als was hier zur Stelle ist. Es ist Länge ohne Länge und Breite ohne Breite; alle Zeit heißt über Zeit, wo es weder ein Hier noch ein Jetzt gibt. Alles Denken geschieht in der Zeit; das wahre Erkennen dagegen schaut alles in einem Nu. Etwas besonderes sein oder haben, heißt nicht alles sein oder haben. Scheide alle Besonderheit ab, so bist du alles. Nichts hindert daher die Seele so sehr an der Erkenntnis Gottes als Zeit und Ort. Zeit und Ort sind Teile, und Gott ist Eins. Darum, soll die Seele Gott erkennen, so muss sie ihn (sich selbst) *über Zeit und Raum erkennen; denn Gott ist weder dies noch das, wie diese mannigfaltigen Dinge. So erfasst diese Kraft alle Dinge in ihrer Wahrheit, nichts ist ihr verhüllt, auch Gott selber nicht in seinem eigensten reinen Wesen.*[104)]

Da der Religionsunterricht heutzutage immer spärlicher betrieben wird, und wo er stattfindet, im allgemeinen auf verkehrten Grundlagen beruht, so ist es auch leicht erklärlich, weshalb im modernen Kirchentume wenig von der wahren Gotteswissenschaft zu finden und das moderne Christentum fast ganz zu einer bloßen Modesache heruntergesunken ist, die noch dazu nach und nach aus der Mode zu kommen droht, während der Unglaube, Skeptizismus, Materialismus, Anarchie usw., überhandnehmen, wo ihnen nicht die Vernunft eine Grenze setzt.

Die dritte Klasse der Anhänger der Kirchen rekrutiert sich aus Leuten, die überhaupt nichts von sich selbst, von Gott und Religion wissen, sondern sich bloß aus äußerlichen selbstsüchtigen Gründen den Schein geben, Christen zu sein. Sie wissen nicht, weshalb sie überhaupt auf der Welt sind, oder was der Zweck ihres Daseins ist. Diese Klasse verdient keine weitere Betrachtung; sie sind dem Tierreich entsprungen und kehren zum Tiere wieder zurück; der wirkliche Christ aber fühlt, auch ohne dass es ihm gesagt wird, dass seine Seele, wenn sie auch mit einem tierähnlichen Körper verbunden ist, dennoch einen viel höheren Ursprung hat.

Er weiß, dass er ein Sohn des Lichtes und aus dem Lichte entsprungen ist. Als erkenntnisloser Geist verließ er seine ewige Heimat und wurde durch sein Suchen nach Erkenntnis auf die Erde gebannt, um dort Erfahrungen zu sammeln und als selbsterkennender Geist wieder zur ewigen Heimat zurückzukehren. Diese durch die Vereinigung mit Gott zu erlangende Erkenntnis wird in Indien Yoga genannt.

Wiedergeburt

Nehmt die Gottheit auf in eurem Herzen,
Und sie steigt herab vom Weltenthron.
Schiller.

Es gibt wohl schwerlich einen denkenden Menschen, der nicht ein Interesse daran findet, dasjenige, was in ihm unsterblich ist, kennenzulernen, sobald er einmal weiß, dass die Möglichkeit, es kennenzulernen, vorhanden ist. Für niemanden hat die Welt des vergänglichen Scheines so viel Anziehung, dass er vom wirklichen ewigen Sein nichts wissen wollte, wenn er nur fähig wäre zu begreifen, dass der bloße Schein nicht die Wahrheit und Wirklichkeit ist. Worin aber besteht die Unsterblichkeit?

Alles, was nicht bloße Erscheinung ist, ist unsterblich. Selbst die Materie, abgesehen von den Formen, unter denen sie erscheint, ist unsterblich. Es geht im Universum kein Atom von Substanz oder Energie verloren; sie verändert sich bloß und tritt heute als dieses, morgen als jenes auf. Die Materie, welche dem Dasein eines Steines, eines Baumes, eines Tieres, eines Menschen zugrunde liegt, ist unsterblich; aber der Stein, der Baum, das Tier wissen nichts davon, sie sind sich ihrer Unsterblichkeit nicht bewusst, und ein Mensch, der sich seiner Unsterblichkeit nicht bewusst ist, hat ebenso wenig einen Genuss davon, als wenn er rechtmäßiger Eigentümer eines Vermögens wäre, ohne es zu wissen. Die Unsterblichkeit an sich ist ein Nichts, solange man sich ihrer nicht bewusst ist; erst wenn der geistig erwachende Mensch sich selbst als unsterblich erkennt, hat das unsterbliche Dasein sich in ihm verwirklicht. Ohne diese Verwirklichung ist alles Spekulieren und Fantasieren von der Unsterblichkeit des Menschen nichts als ein leerer Traum.

Diese Erkenntnis des eigenen unsterblichen Selbsts findet nirgends anders statt, als im wahren inneren Selbstbewusstsein des Menschen; erst wenn der Mensch sein wahres göttliches Selbst gefunden hat, erst dann erkennt er in Wahrheit sich selbst, und solange er sich selbst nicht erkennt, ist all sein Erkennen, alle seine Gelehrsamkeit, all sein Wissen, das äußerlicher Beobachtung oder dem äußerlichen Unterrichte entspringt, nichts als ein leerer Schein. Das Wissen erlangt erst dann einen wirklichen Wert, wenn dasjenige, was zu wissen glaubt, ins Dasein getreten ist, und der

Mensch tritt erst dann ins wirkliche Dasein, wenn er sein wahres Selbst, Gott in allem erkennt.

Dieses wahre Selbst oder Selbstbewusstsein, dessen Erkenntnis „Theosophia" oder Gotteserkenntnis genannt wird, kann kein Mensch einem anderen zeigen, erklären oder beweisen; wer sich selbst kennenlernen will, muss sich selbst suchen und finden. Auch ist da nichts auseinanderzusetzen; denn Gott ist nichts Zusammengesetztes, sondern alles in allem.

Wir können nur sagen, was Gott nicht ist, nicht aber, was er ist. Wenn wir ihn einmal erkannt haben, so können wir sagen, er ist er selbst; er ist unsterblich, unendlich, unermesslich u. s. w. Wir können sagen, Gott ist die Liebe; aber wer weiß was die Liebe ist, ausgenommen derjenige, der sie hat und erkennt; deshalb ist die göttliche Liebe, die göttliche Selbsterkenntnis und Gott in allem das wahre Selbst[105)]. Eckhart sagt:

Gott, als das absolute Wesen, umfasst in sich alles was ist. Seine Eigenschaft ist Wesen. Gott erkennt nichts als allein das Wesen (die Wirklichkeit); er weiß nichts als Wesen, er liebt nichts und denkt nichts als sein Wesen. Er ist die lebendige, seiende, substanzielle Vernunft, die sich selber versteht, in sich selber ist und lebt, und mit sich selber identisch ist. Verstehen wir Gott als Wesen, so verstehen wir ihn in seinem Vorhof; sein Tempel ist die Vernunft. Gott ist die Vernunft, welche da lebt in Selbsterkenntnis, in sich allein bleibend, wo ihn ein etwas Äußeres berührt. Da ist er allein in stiller Ruhe und erkennt sich selber in sich selber.[106)]

Die Bezeichnung „Gott" bezieht sich aber nicht auf das Absolute. Dies wird die „Gottheit" genannt. Gott als das Absolute betrachtet ist der Grund, aus dem Gott und alles entspringt:

Dieser Grund ist eine einfache Stille, die an sich unbeweglich ist, aber dieses Unbewegliche ist der Grund aller Bewegung und alles vernünftigen in sich versenkten Lebens. Die Vernunft durchdringt mit ihrem Blicke alle Winkel der Gottheit; sie ergreift den Sohn im Herzen des Vaters und in dem Grunde und trägt ihn in ihren eigenen Grund. Sie dringt vorwärts, sie ruhet nimmer, sie dringt in den Grund, aus dem Güte und Wahrheit entspringt, sie erfasst es im Prinzip, in dem Anfang, aus dem Güte und Wahrheit stammen, ehe sie entspringen, in einem viel höheren Grunde als Güte und Weisheit ist. Sie hat das Vermögen, alles zu erkennen, deshalb ruht sie nicht, bis sie den höchsten Begriff erreicht, in welchem alles Eins ist. Wo die Seele in das erste lauterste Prinzip, in die Form der abstrakten Wesenheit umgewandelt wird, da findet die reine Erkenntnis statt. Die Seele (das Selbst) schwingt sich empor in die Einfachheit, über alle Dinge hinaus in das Unerkennbare. Gestaltlos stürzt sie sich in den gestaltlosen Gott.[107)]

Gottes (Brahmas) Eigenschaft ist Wesen, aber die Gottheit (Parabrahm = Übergott) ist auch über alles Wesen erhaben. Gott als das Absolute ist weder Wesen noch Vernunft. Er ist weder dieses noch jenes, sondern alles in allem, denn in Gott ist alles in einer höheren und allgemeineren Form, unwesentliches Wesen; das absolute Sein, welches zugleich Nichtsein in Bezug auf etwas anderes ist, es liegt über Gott und jeden Unterschied hinaus. Es ist nicht richtig, Gott irgendeine Eigenschaft beizumessen; denn setze ich zu Gott noch etwas anderes, so ist es ein fremdartiger Zusatz und ich setze zu Gott einen Abgott. Gott, die oberste Ursache (das Selbst, Atma) ist weder Licht noch Finsternis; Gottes Natur ist ohne Natur zu sein. Alles abgeschieden, abgezogen und abgeschält, dass nichts bleibt als ein einziges „Ist", das ist sein eigentlicher Name. Was wir von der letzten Ursache verstehen oder aussagen, das sind wir selber viel mehr, als es die letzte Ursache ist, denn sie ist über Sprechen oder Verstehen. Hätte ich einen Gott, den ich (intellektuell) verstehen könnte, ich wollte ihn nimmer für einen Gott halten.[108)]

Gott ist nur eins in Allem und alles in Einem, folglich ist er auch in jedem Menschen dessen innerstes Wesen und Selbst, und alles, was an einem Menschen nicht Gott ist, ist nicht wahrhaft und wirklich, sondern nur Schein.[109)]

Gott ist ein lauteres, ungemischtes, klares Eins ohne alle Zweiheit. Er ist sich selber ein Nichts und ein Nichts dem Inbegriff aller Kreaturen; aber in ihm ist kein Gegensatz; er ist die umfassende Einheit alles Positiven. Die Einheit Gottes ist ohne Grund, d. h., sie ist vielmehr ihr eigener Grund. Sie ist ein Ursprung der grundlosen Tiefe (des Selbstbewusstseins), ein Dach der unbegrenzten Höhe und ein Umkreis der unbegreiflichen Weite. Die Gottheit hat nichts, will nichts und bedarf nichts, wirkt nichts und begehrt nichts. Sie überlässt alle Dinge Gott. Gott wirkt, die Gottheit ist, aber sie wirkt nicht. Sie ist der stille Grund, die unbewegliche Ruhe. Gott wird und vergeht, die Gottheit bleibt in sich selbst verschlossen in ihrer Offenbarung; sie teilt sich nicht mit und erscheint nicht; sie bezieht sich auf nichts als auf sich selbst. In sich selbst wohnend ist sie die Finsternis, in die kein Wahrnehmen und kein Erkennen dringt. Da hört alle Persönlichkeit, Licht und Finsternis, Materie und Form auf.[110)]

Die Einheit (das Selbst) kann sich nicht selbst offenbaren. Das ist Gottes Unvermögen und zugleich auch sein höchstes Vermögen. Das absolute Wesen Gottes ist Einheit. Was die Einheit nicht selbst offenbaren kann, das hat die Dreieinigkeit geoffenbart, und zwar alle drei in gleicher Weise, wegen der Einheit ihres Wesens, welches ihr eigenes natürliches Wesen ist.[111] Deshalb bedarf Gott zu seiner Selbstoffenbarung seiner Natur. *Die Natur ist ein Ausstrahlen der Gottheit; das Wesen ist der in seiner eigenen Tiefe verbleibende Grund dieses Ausstrahlens. Dass wir Gott Materie, Form und Tätigkeit zuschreiben, kommt von unserer Gebundenheit an die einer geistigen Anschauung unfähigen Sinne her. Die höchste Betrachtung Gottes muss sich aller solcher Unterscheidungen entschlagen, um die reine unterschiedslose Einheit zu erreichen.*[112]

Gott entäußert sich und fließt wieder in sich selbst zurück; das ist seine Geschichte. Das ewige Werden ist das Werk der ewigen Natur; darum ist es ohne Anfang und ohne Ende. Das Wesen ist die umfassende Einheit aller Dinge; es hat aller Dinge Formen in sich in Einfachheit und dem Wesen nach, und vermittelst dieses einfachen Bildes wohnt es allen Dingen inne. Die Dinge haben teil am Wesen, aber nicht an der göttlichen Natur (dem Selbstbewusstsein); Wesen und Natur sind nicht getrennte, für sich bestehende Dinge; im Absoluten sind sie Eins; das Absolute ist des Wesens Wesenheit und die Natur der Natur. So sind auch im Menschen der Mensch und die Menschheit, die ihn zum Menschen macht, zu unterscheiden; ohne die Gottheit wäre Gott nicht Gott, und ohne die Menschheit wäre der Mensch nicht Mensch. Dennoch sind Gott und Gottheit, Menschheit und Mensch, Natur und Geist nicht voneinander getrennt existierende Dinge. Wären sie dies, so müsste das eine des anderen Ursache sein. So verhält sich auch das absolute Wesen (das Selbst) zugleich als ruhendes Sein und als die glanzvolle Dreiheit der Natur.[113]

Wenn von göttlichen Eigenschaften die Rede ist, so kommen dieselben nicht Gott (dem Selbst), sondern der Form zu, in welcher Gott offenbar wird. Gott ist das wirkliche Sein. Ich kann aber kein anderes Sein erfahren, als dasjenige, welches in mir selbst offenbar und verwirklicht wird. Ich kann nur mein eigenes Sein in seinem Grunde erfahren, und dieser Grund ist Gott; Gott erlangt seine Eigenschaften in mir. Ob mein Gott gut oder böse ist, das hängt davon ab, ob ich in meinem Innersten gut oder böse bin. Nicht in dem göttlichen Sein eines anderen, sondern in meinem eigenen Sein besteht meine Gottheit, die ich in mir selber erkennen kann.

Das Leben eines anderen kann mich nicht selig machen; in mir selbst muss das Leben und die Seligkeit, die ich genießen will, sein. Die Form des Wesens ist des Wesens Offenbarung. Wird die Offenbarung des göttlichen Wesens in mir vollkommen, so bin ich selbst das göttliche Wesen, welches sich in mir offenbart.[114)]

Es ist in den Schriften Eckharts viel von göttlichen Personen die Rede. Unter diesen ist aber nicht etwas Beschränktes, so wie die Form eines Menschen zu verstehen, sondern eine spezielle Form der Anschauung und Tätigkeit des alleinigen Wesens. Persona heißt Maske, und so sind auch Licht, Wärme und Leben nicht drei Personen in der gewöhnlichen Bedeutung dieses Wortes, sondern voneinander zu unterscheidende Offenbarungen einer einzigen Energie (des Akâsha).

Das ungeborene Wesen, die Gottheit, genügt sich selber vollkommen und nimmt durch ihr Offenbarwerden weder zu noch ab; sie teilt sich keinem anderen mit. Durch die Selbstbeschauung wird die göttliche Natur zur Dreiheit, d. h., es entsteht in ihr Subjekt und Objektsbegriff und die Erkenntnis. Der „Vater" ist die reine Vernunft, die sich selbst vollkommen durchschaut; er selbst ist, als sein eigenes Objekt betrachtet, der „Sohn", und die Liebe zwischen Vater und Sohn, d. h. die Liebe Gottes zu sich selbst, ist das Wissen, die Erkenntnis, der „Heilige Geist". So haben die drei Personen nur ein einziges Wesen und sind nur als Anschauungsformen voneinander verschieden. Als „Personen" sind sie einander fremd; dem Wesen nach sind sie Eins.[115)]

Bei allen diesen Betrachtungen sollte man keinen Augenblick die Tatsache aus den Augen verlieren, dass es sich dabei nicht um einen äußerlichen oder fremden Gegenstand handelt, sondern der Gegenstand unserer Beobachtung und Untersuchung ist unser eigenes wirkliches Selbst. In uns selbst ist die Einheit und die Dreieinigkeit; in uns selbst muss die Gotteserkenntnis stattfinden; dann erst können wir Gott auch als Einheit und Dreiheit im großen Weltall erkennen.

Als Vernunft blickt der „Vater" auf sich selber, und durch die Selbstbespiegelung seines Wesens bildet er sich selber ab und muss sich selber aussprechen in einem sich daraus ergebenden selbstständigen Wesen. Darum wird das Wort ein „Sohn" genannt, eins mit dem Vater im Wesen, verschieden von ihm in der Form. Dieses Selbstbespiegeln in der Gottheit ist ewig; eben deshalb ist auch die Geburt des Sohnes ewig, und gleich im Anfange war das Wort mit Gott. Ohne diese Selbstbespiegelung bliebe nur ein Wesen ohne

Erkenntnis übrig. Das Objekt des Erkennens ist das ewige Wort; Verständnis und Wort sind eins und dasselbe. Dadurch, dass die Selbsterkenntnis ins Dasein tritt, wird die Gottheit als Vater und Sohn zugleich offenbar, und deshalb kann der Vater auch als ein Geschöpf bezeichnet werden, das sich selber geschaffen hat. Im Akte des Sicherkennens setzt sich das Selbst als sein eigenes Objekt, und indem es sich selbst als ein anderes sich selber vorstellt, unterscheidet es sich von diesem anderen als von einem anderen Selbst.[116)]

Dadurch wird im Sohne die Vorstellung (Maya) der Selbstheit und Verschiedenheit von Gott geschaffen, welche immer mehr zunimmt, je mehr der Mensch ins materielle Dasein heruntersinkt, bis er endlich, auf der niedersten Stufe angekommen, ganz seine göttliche Wesenheit und deren Einheit mit Gott vergisst. Nun muss er erst wieder mühselig aufwärts klimmen; die Täuschungen überwinden, welche der Wahn der Zweiheit mit sich bringt, und sein Scheinselbst vergessen, um das wahre Selbst zu finden; bis er endlich, wenn er alle Vorstellung von „Selbst" überwunden hat, wieder zum Allbewusstsein, zum alles erkennenden alleinigen Wesen wird.[117)]

Der „Sohn" wird „Wort" (Logos) genannt, weil er aus Gott fließt, im Akte des Verstehens, und doch zugleich in Gott bleibt; wie das Wort die Entäußerung meines Gedankens ist, der doch zugleich in mir bleibt, und mir als Denkendem wesensgleich ist. Die Geburt des Sohnes ist ein ewiger Prozess. In demselben Augenblicke, in welchem der Sohn (der Gedanke) vom Vater (dem Willen) entspringt, kehrt er auch wieder in ihn zurück, wegen ihrer Wesensgleichheit, und in diesem Wiedereingebären des Sohnes in Gott nimmt der Geist seinen Ursprung als die Liebe (Selbsterkenntnis), in welcher beide Eines sind. Des Vaters Tätigkeit ist nichts anderes als dieses Gebären seines Sohnes (vermittelst seiner Natur). Dieser Prozess ist ein ewiger, überzeitlicher und notwendiger, ein Werden, nicht ein Tun. Er entspringt nicht aus einem freien Entschlüsse Gottes, den er auch wohl unterlassen könnte, sondern er ist mit Gott zugleich als die Notwendigkeit seines Wesens gesetzt. Ließe er es einen Augenblick, so verleugnete er sich selbst. Nicht bloß einmal in der Vergangenheit geschah dieses Gebären, sondern es geschieht immerfort, wie auch das Schaffen. Der Sohn ist nicht einmal geboren worden, sondern wird vielmehr jetzt geboren, und dieses „jetzt" ist ein ewiges Werden; für Gott (das wahre Selbstbewusstsein) gibt es weder Zukunft noch Vergangenheit, kein Vorher und kein Nachher, und weil in diesem Geschehen alle Mannigfaltigkeit (der Erscheinungen) eigentlich nicht aus der Einheit des Wesens herausgeht und immer wieder in dieselbe zurückfließt, so wird dieser Prozess auch ein „Spiel" genannt. Der Unterschied der Kräfte hebt sich immer wieder in der Einheit des Wesens auf. So ist der Fluss in sich selber zurückgeflossen (und die Sonne erkaltet nicht).[118)]

Gottes Wesen und seine Natur ist die Liebe, aber Gott liebt nichts als sich selbst (es ist auch in Wirklichkeit nichts anderes da). Er ist auch die Güte, weil er in allen Dingen das Beste (sich selber) will. Wegen seiner Güte muss er aus sich herausgehen, denn der Güte Art ist, dass sie sich ergießen muss. Gott ist alles das, dessen Sein besser ist als das Nichtsein; alles, was die Begierde begehren mag, ist gar fremdartig und klein gegen Gott. Keine Wissenschaft der gelehrtesten Meister kann Gottes Wesen begreifen, nicht einmal wie er sich in der allergeringsten Kreatur darstellt. In keinem Gedanken wird er erschöpft. Er ist die erste Ursache, darum teilt er sich allen Dingen mit; er ist von Wesen einfach, darum ist er das Allgemeinste; er ist sein eigener Ursprung, darum entspringen aus ihm alle Dinge; er ist unveränderlich, darum ist er das höchste Gut; er ist vollkommen, darum ist er das Unbegreiflichste. Wenn auch die Seele für Gott einen Ausdruck findet, die Wahrheit seines Wesens liegt doch nicht darin.[119)]

Diese Geburt des Sohnes Gottes findet statt in der Seele des Menschen, wenn die Seele des Menschen fähig ist, sie zu empfangen.

Dazu hat Gott die Seele geschaffen, dass sein eingeborener Sohn in ihr geboren werde. Warum ist alle Schrift geschrieben, und warum hat Gott des Engels Natur und alle Welt geschaffen, als darum, dass Gott in der Seele geboren werde. Der Vater liebt nichts als seinen Sohn (sich selbst). Nur darum, weil jeder von uns dieser Sohn werden kann, hat er uns von Ewigkeit her geliebt. Alle Vollkommenheit, Licht, Gnade und Seligkeit muss notwendigerweise mit dieser Geburt in die Seele kommen, und auf keine andere Art. Infolge dieser Geburt wird der Mensch der Sohn Gottes selber. Gottes Sohn ist der Seele Sohn, und darum hat Gott und die Seele einen und denselben Sohn, nämlich Gott. Zwischen dem eingeborenen Sohn (dem Worte) und der Seele ist kein Unterschied. Gerade wie der ewige Sohn aus des Vaters Herzen quillt, so quillt er in einer von Gottesliebe erfüllten Seele. Gott allein (und nicht der irdische Mensch) wirkt dieses Werk, und er wirkt es so geheim, dass weder Engel noch Heilige darum wissen, und die Seele kann nichts dazu tun, als dass sie stille hält.[120)]

Dadurch aber, dass diese Geburt in verschiedenen Menschen stattfindet, werden nicht mehrere Söhne Gottes geboren; ebensowenig als mehrere Menschheiten erzeugt werden, wenn verschiedene Menschen die Menschheit in sich selber erkennen.

In dieser Geburt sind wir alle Eins. Gott kann nur einen einzigen Sohn haben (sich selbst), wie er nur eine einzige Vernunft (Selbsterkenntnis) hat. Jeder von uns hat an dieser Bestimmung auf gleiche Weise Anteil. Die Seele ist wie das Echo, welches den empfangenen Ruf in gleicher Weise zurückschallen lässt. Gott gebiert seinen eingeborenen Sohn in das höchste Teil meiner Seele (Buddhi-Manas), und indem er seinen Sohn in mich gebärt, gebäre ich ihn wieder in den Vater. In dem Worte, welches der Vater vermöge seiner Natur sprechen muss, spricht er meinen und deinen und eines jeglichen Menschen Geist in Gleichheit mit jenem Worte. In diesem Sprechen bist du und ich ein einziger Sohn aus Gottes Natur, wie jenes Wort. Der Vater erkennt nichts als dieses Wort. In dieser Erkenntnis gibt der Gott sein Leben, sein Wesen, seine Gottheit, seine eigene Kraft. Auf dieser Gnadenstufe erkennt der Vater keinen Unterschied zwischen dir und sich.[121)]

Diese Geburt ist allen gemeinsam, welche sich derselben zuwenden wollen, die zu ihr bereit sind und sie eifrig begehren. Aber auch einzig dieses Begehren ist es, was die Seele erfüllen soll, die sich auf jene Geburt vorbereitet. Zu dieser Geburt will und muss Gott eine freie unbekümmerte Seele haben, in der nichts sei als er allein, und die auf nichts achte als auf ihn. Das Werk ist Gottes; es gehört zu Gottes Natur, dass er nicht lassen kann, sich in mir und in euch allen zu gebären, wenn wir uns seinem Werke nicht widersetzen.[122)]

Hierzu sagt die indische Lehre:

Zurzeit, wenn „du und jenes" und „jenes und du", d. h. der Unterschied zwischen Seele und Gott) verschwinden, und der Mensch sich dem Akâsha (Äther) ähnlich als den Allesumfassenden und Allesdurchdringenden erkennt; wenn er das von allem unabhängige und einheitliche, das reine Wesen kennt, so nennen sie ihn Atma (Selbst), und Maya, welches die Liebe ist, nennen sie ihn deshalb, weil die Liebe einen Anfang und ein Ende nicht hat, und in allem und ohne alles ist; denn wenn die Erkenntnis eintritt, verschwindet die Liebe. (Atharva-Veda.)

Ich bin die Seele, welche im Herzen eines jeden Geschöpfes ihren Sitz hat. Ich bin der Anfang, die Mitte und das Ende von allem.

Was in allen Dingen ihr Samen ist, das bin ich. Es gibt nichts sich Bewegendes oder Unbewegtes, das ohne mich existiert. Wenn ein Ding herrlich, vorzüglich oder mächtig ist, so wisse, dass alles, was darin ausgezeichnet ist, aus meiner Kraft hervorging. Doch wozu dieses vielfältige Wissen? Ich offenbare das Weltall beständig durch einen Teil meiner selbst. (Bhagavad Gita, X, 20, 41.)

Wer mich verehrt und meinen Geist erkennt, der kann Eins mit mir werden. (Bhagavad Gita, XIII, 18.)

Wenn das Erhab'ne staunt die junge Menschheit an, spricht sie in hellem Traum: das hat der Gott getan.

Und wenn sie zum Gefühl des Schönen dann erwacht, bekennt sie freudig stolz: es hat's der Mensch vollbracht.

Und wenn zum Wahren einst sie reift, wird sie erkennen: es tut's im Menschen Gott, der nicht von ihm zu trennen. (Rückert.)

Die Seele

Und einen Zeugen nennen sie das Selbst (Atma) deshalb, weil der Wissende, das Wissen und das Erkannte sämtlich drei Geschaffene sind, die wieder hinfällig werden, und derjenige, welcher das Entstehen und Vergehen dieser kennt, der ist selbst nicht geschaffen und wird nicht untergehen; er ist selbst mit sich selbst, Licht und Leuchte. (Atharva-Veda.)

Gott als Geist (Selbstbewusstsein) betrachtet, kann sich nicht für sich selbst offenbaren; dazu hat er seine eigene Natur oder Substanz (Prakriti) nötig. Die Substanz oder materielle Basis alles Daseins wird das Leben oder die Seele (die Gottesgebärerin) genannt.

In dem klaren Spiegel der Ewigkeit (der Seele der Welt), in dem ewigen Sichselbstwissen des Vaters (des Selbsts), da gestaltet er ein Abbild seiner selbst, seinen Sohn. In diesem Spiegel bilden sich alle Dinge (als Erscheinungen) ab und man erkennt sie darin; freilich nicht als Kreaturen, sondern als Gott in Gott. Der Vater (der Erkenner) hat aus nichts (aus sich selbst) alle Dinge erschaffen; der Sohn (das Erkannte) ist das Urbild alles Werdens; der Geist (die Erkenntnis oder Bewusstsein, Wille und Vorstellung) ist der „Zimmermann" und Ordner in der Ewigkeit und in der Zeitlichkeit. Im Sohne sind die Ideen aller Dinge enthalten, der Geist umschließt die ewige Weltordnung.[123)]

Um dies anschaulicher zu machen, fügen wir folgenden Auszug aus den Veden bei:

Jener Herr der Welt (λογος) ist offenbar, und die Welt ist in ihm verborgen; denn sie hat Namen und Gestalt, und da sie aus dem Herrn der Welt hervorging, bleibt sie in dem Herrn der Welt und geht in den Herrn der Welt (Iswara) ein. Das ursprünglich Geoffenbarte der Welt, welches das Selbst (Atma) ist, ist das Richtige und Wahre; aber Name (Individualität) und Gestalt (Beschränktheit) ist Täuschung und Unwirklichkeit. Wenn Name und Gestalt, welche Täuschung und Unwahrheit sind, in jenen geoffenbarten Geist (Atma) eintreten, so erscheinen sie auch als richtig und wahr; d. h., obgleich Namen und Gestalt der Welt eine Täuschung sind, so erscheinen sie doch als das Wahre, und sie haben in Wahrheit ein Dasein nicht. (Dschedir-Veda.)

Indem Gott sich selber anschaut, erfasst er sich als die Fülle der Ideen, der Urbilder aller Dinge (wie es auch Plato lehrte). Dieses ewige Anschauen seiner selbst ist die schaffende Tätigkeit Gottes, wie es das Gebären des Sohnes ist, und in dem Sohne (der Seele) sind daher alle Dinge geschaffen. Geburt heißt so viel wie Schöpfung. Darin besteht die Herrlichkeit Gottes, dass er tausend Welten schaffen könnte und doch über sie alle erhaben bleibt in seinem lauteren Wesen (wie ja auch der Mensch als Denker über alle die Gedanken, welche er denkt, erhaben ist).

Der Sohn erkennt alle Dinge nach ihrem Wesen, wie der Vater. Er hat die Bilder aller Dinge in sich und mit ihm gemeinsam die Allmacht über alles, was geschehen ist, geschieht und geschehen wird. Er ist die Einheit aller Kreaturen, und dieses ewige Hervorgehen der Kreatur aus Gott, die doch zugleich Gott innewohnend bleibt, wird als ein „Spiel" des Sohnes bezeichnet, der vor dem Vater mit allen Dingen spielt. Es wird in der Tat nichts wesentlich Neues geschaffen (als die Form, welche an sich selbst ein Nichts ist); *es bleibt bei der unendlichen Mannigfaltigkeit glanzvoller Bilder ohne wirkliche Unterschiedenheit* (des Wesens) *in sich und von Gott. Das Sprechen und Gebären ist ein Schaffen aus nichts* (wobei eigentlich auch nichts Wesentliches geschaffen wird); *es gibt keine Materie, aus welcher Gott etwas machte; er ist seine eigene „Materie" und Form. Seine Form erzeugt sich selbst aus seiner Substanz, und nach dieser Form formt er alle endlichen Dinge. Aber seine einfache Natur ist formlos, im Werden ohne Werden, im Wesen wesenlos und in der Ursächlichkeit ohne Ursache. Darum bleibt sie allem Werdenden fremd und alles, dem das Werden zukommt, findet dort sein Ende. Wie Gott* (der Weltgedanke) *ewig ist, so sind alle Dinge in ihm gewesen; aber sie waren nichts an sich selber. Vor der Erschaffung der Welt war er nichts für sie; sie wussten nichts von ihm; aber an sich selber war er ihnen ewig dasselbe, was er ihnen jetzt ist und ewig sein wird. Darum konnte keine Kreatur Gott offenbaren, so lange sie selber nicht war.*[124)]

Gott ist das absolute selbstseiende Eine, er erkennt nichts als sich selbst, aber dieses Erkennen umfasst die Erkenntnis von allem, was in dem Einen ist. Gott könnte sich nimmer (gänzlich) *erkennen, ohne alle Kreaturen mit zu erkennen* (da in ihm alles enthalten ist). *Er erkennt und liebt sich selbst in allen Dingen. In seiner Selbstwahrnehmung nimmt er alle Dinge wahr. Indem Gott sich selber* (seine Selbstheit) *erschuf, erschuf er die ganze Welt; sobald er war, war auch die Welt* (seine Vorstellung). *In diesem Sinne war das*

Wort bei Gott, als von ihm unterschieden. Als die Welt noch ungeschaffen mit ihrem Wesen in dem Vater war, da war das Licht, d. h. die sich entäußernde Vernunft mit ihrem Blicke auf die Wesenheit der Welt gerichtet, wie sie in ungeschaffener Einfachheit, ohne alle Gestalt, im Vater stand.[125)]

Gott (der Erkenner) *wirkt alle seine Werke mit Notwendigkeit; sein Wirken ist das Gebären seines Sohnes* (sich selbst zu erkennen), *den gebiert er allezeit. Er schafft die Welt ohne Unterlass; aber er bewegt sich deshalb nicht selbst und verliert nichts dabei. Als Gott Himmel und Erde und alle Kreaturen schuf, da ging dies seine ewige unbewegliche Abgeschiedenheit ebenso wenig an, als ob er nie Kreaturen geschaffen hätte. In Gott ist niemals ein neuer Willensentschluss eingetreten. Als die Kreatur nicht für sich selbst war, wie sie es jetzt ist, da war sie doch ewig in Gott und in seiner Vernunft. Alles, was Gott geschaffen hat, hat er ohne Veränderung seines Wesens geschaffen; aber das Geschaffene ändert sich* (in seiner Erscheinung). *Sobald Gott ein Werk denkt, so ist es vollbracht. Da ist kein Werk, es ist ein Werden ohne Veränderung* (des Wesens), *und dieses Werden ist sein Wesen. In Gott ist reine Idealität, sodass keinerlei Veränderung hereindringt. Er wirkt alle seine Werke in sich selber und aus sich selber in einem Augenblick. Gott will und sie entstehen*[126)] (durch Kriyasakti, die Schöpfungskraft).

Die Dinge entstehen als Bilder, d. h. als körperliche Erscheinungen in der Seele der Welt. Da aber diese Kreaturen ein ihnen durch die Wiederspiegelung des göttlichen Allbewusstseins mitgeteiltes, ihnen eigentümliches individuelles Bewusstsein, Empfindung, Wahrnehmung, Leben u. s. w. erlangt haben, so entsteht in ihnen die Täuschung der Selbstheit und Eigenheit und des Getrenntseins von dem einen alleinigen Wesen.

Dass Gott die Welt geschaffen habe, bedeutet nicht etwa, dass die Kreaturen aus dem Wesen Gottes entsprungen wären, wie das ewige Wort; denn so wäre die Kreatur Gott, was kein Verständiger annehmen kann, sondern die Natur der Kreaturen widerlegt dies als etwas Unmögliches und Falsches. Außer Gott ist ja nichts als das Nichts. Alle Dinge und Kreaturen sind an und für sich nichts als ein wesenloser Schein; dasjenige, was in ihnen wirklich und wesentlich ist, ist das Wesen, das Wort.[127)]

Gott (das Selbst) *ist das Zentrum aller Dinge; die Gottheit hat alle Dinge in sich; aber in einem Wesen, ungeteilt. Insofern Gott in allen Dingen ist, ist er aller Seelen Seele. Er ist aller Naturen Natur, weil er aller Naturen Natur an sich hat, ungeteilt. Er ist das Licht der*

Lichter, das Leben der Lebendigen, das Sein der Seienden, die Vernunft der Vernünftigen. Er hat alle Dinge verborgen in sich; aber nicht dieses oder jenes bestimmte Ding, sondern als Einheit in Einheit.[128)]*Alle Kreaturen sind in Gott und sind seine Göttlichkeit und bezeichnen seine Fülle; Gott hat alles in allem in sich beschlossen; da ist alles eins und eins ist in allem. Was ich von den Kreaturen in Gott erkenne, da nehme ich nichts wahr als Gott allein; denn Gott ist nichts als Gott. Er ist das Wesen, das aller Kreaturen Wesen in sich hat; er ist in den Dingen als ihre Vernunft und ihre Natur, inniger als sie sich selbst sind. Weil Gott ohne Teile ist, so sind alle Dinge und alle Stätten eine Gottesstatt und Gottes voll nach seinem Wesen ohne Unterlass. Er teilt sich allen Dingen mit und gibt allen gleich viel; aber die Dinge empfangen verschieden, je nach ihrer Fähigkeit, zu empfangen. Die Gottheit gibt den Steinen das bloße Sein, dem Baume das Wachsen, dem Vogel das Fliegen, dem Vieh das Wahrnehmen, dem Engel die Vernunft, dem Menschen den freien Willen. Er liebt alle Kreaturen gleich und erfüllt sie mit seinem Wesen; erst aus den Dingen selbst stammt ihre Ungleichheit. „Etwas von Gott" ist schon Gott in seiner Totalität; „etwas von ihm" umfasst sein ganzes Wesen; darum ist er in der niedrigsten Kreatur ebenso vollkommen wie in der höchsten.*[129)]

Wer Gott, das höhere Selbst, einmal erkennt, und es in sich und in anderen Menschen von dem vergänglichen und scheinbaren „Selbst" zu unterscheiden weiß, der sieht in anderen Kreaturen nicht bloß seinen „Bruder" und seine „Schwester", sondern sich selbst, d. h. Gott, der in allen Dingen das eine wirkliche Wesen ist.

Alle Dinge sind an sich selber ein Nichts; Gott ist alles in ihrem Wesen. Er berührt alle Dinge und bleibt doch in allen unberührt; er ist über alle Dinge erhaben, ein Bestehen auf sich selber und dieses Bestehen erhält alle Dinge. Er sucht nichts außer sich und es ist nichts außer ihm; alle Dinge sind in Gott und von Gott; denn außerhalb seiner selbst und ohne ihn ist nichts. Was die Kreaturen in Wirklichkeit sind, das sind sie in Gott, und deshalb ist in Wahrheit bloß Gott. Nähme man allen Kreaturen das Wesen, das Gott gibt, so bliebe nichts Wesentliches übrig. Alles Gute an den Kreaturen ist von Gott; es ist keine Kreatur, die nicht etwas Gutes und Vollkommenes an sich hätte; aber an sich selbst sind sie nichts.[130)]

Deshalb besteht die Erkenntnis des wahren Selbsts darin, dass man die Täuschung des falschen „Selbsts" überwindet. Der

Mensch erkennt sich deshalb nicht als das, was er in Wirklichkeit ist, weil er sich wirklich für etwas hält, das er nicht ist.[131)]

Gott ist für den Menschen ein Nichts, solange der Mensch sein vergängliches Selbst für einen Gott, d. h. für das Höchste hält, und in seinem vergänglichen Wesen sein Ideal zu erblicken meint. Wer das höchste Ideale im Ganzen erkennen und es in sich selber verwirklicht sehen will, muss über die Schranken seines Egoismus hinaustreten und sich als Ganzes im Ganzen erfassen.

Die Menschheit, im höchsten Sinne dieses Wortes, ist den Engeln gleich und der Gottheit verwandt; darum soll ich das Individuelle ablegen und mich als Menschheit erfassen; denn das Individuum ist an der Substanz der Gattung nur ein Zufall (etwas Unwesentliches). *Macht euch von allem Zufälligen ledig und erfasst euch in der freien Ganzheit menschlicher Natur, und nicht als diese oder jene bestimmte Person. Scheidet euch von dem Nicht; denn das Nicht ist der Unterschied, dass du ein Mensch und nicht der Mensch* (die Menschheit) *bist. Wollt ihr selig sein, so müsst ihr ein einziger Sohn Gottes und nicht vielerlei Söhne sein wollen. Dieser Mensch ist nicht jener; ich bin nicht was ihr seid, und ihr seid nicht was ich bin. Tut das Nicht ab von allen Kreaturen, so sind alle Eins; was da bleibt, ist der Sohn, den der Vater gebiert.*[132)]

In der Seele sind zwei Regionen zu unterscheiden, die höheren und die niederen Seelenkräfte. Durch die höheren ist die Seele mit Gott und dem Ganzen verbunden, und kann sich als Eins mit der allgegenwärtigen Einheit erkennen; vermittelst der niederen Kräfte wurzelt sie in der Vielheit der materiellen Erscheinungen und der niedere Teil der Seele kann die Unendlichkeit und Hoheit des oberen Selbsts nicht erfassen.

Was die niederen Seelenkräfte (Kama-Manas) erfassen, das erfassen sie in endlicher Form; die wahre Seele dagegen (Buddhi-Manas) ist die göttliche Natur selbst (die „Mutter Gottes“), die Substanz, in welcher die Gottheit sich selber als Gott erkennt. Wenn die Seele im reinen Lichte der Vernunft wohnt, so hat sie keinerlei Beziehung auf das Materielle und keinerlei Empfänglichkeit für dasselbe; sie ist etwas Unaussprechliches, Unbegreifliches, Unendliches, wie Gott. Sie altert nicht, sie ist ewig jung. Je mehr man in ihr das Prinzip seines Wirkens findet, desto näher steht man seinem obersten Prinzip, seinem Ursprünge, seiner Geburt, und das heißt „jung“, was seiner Geburt nahe ist. Das Alter gehört nur dem Leibe und dessen sinnlicher Tätigkeit (dem Hause, welches die Seele bewohnt) an. Es sollte mich verdrießen, wenn ich morgen nicht jünger wäre als heute, d. h. nicht noch näher zu Gott, meinem Ursprünge, käme, als ich es heute bin.[133)]

Unsere vergängliche Lust liegt darin, dass wir einzelne Menschen sind und uns der sinnlichen Dinge und intellektuellen Begriffe, d. h. der Vielheit erfreuen können; unsere ewige Seligkeit aber liegt darin, dass wir uns in uns selbst der Allgegenwart Gottes, d. h. unseres eigenen unendlichen Selbsts bewusst werden und in Gott selbst unendlich und unsterblich sind und es erkennen, dass wir es sind.

Unsere Seligkeit liegt nicht darin, dass Gott in uns ist; denn das ist er in allen Kreaturen, aber sie wissen es nicht; sondern darin, dass wir erkennen und wissen, wie nahe Gott uns ist. Darin liegt meine Seligkeit, dass Gott in mir vernünftig ist und ich das erkenne. Die Vernunft ist edler als der "Wille. Der Wille erfasst ihn unter der Hülle der Güte; die Vernunft dagegen erfasst ihn unverhüllt, der Güte und des Wesens entkleidet. Sie führt und erleuchtet den Willen und geht seiner Äußerung, der Liebe, voran. Man kann Gott (das göttliche Selbst) *nicht lieben, ohne dass man ihn zuvor* (geistig) *erkennt. Die geistige Erkenntnis ist eine Grundfeste und ein Fundament alles Wesens. Liebe kann nur an der Erkenntnis haften. Gott und ich sind eins; aber dies kann erst im Erkennen stattfinden. Die Funktion des Willens* (Kama-Manas) *ist zweifach, Begehren und Liebe; die Funktion der Vernunft ist einfach; sie ist die Erkenntnis, und sie kommt nicht zur Ruhe, ehe sie ihren Gegenstand* (die Wahrheit) *ohne Hülle erfasst. Deshalb geht sie dem Willen voran wie ein führender Stern und verkündigt ihm dasjenige, was er dann liebt. Solange man die Dinge begehrt, hat man sie nicht. Wenn man sie hat, so liebt man sie und die Begierde fällt weg. Die Vernunft ist das Haupt der Seele; sie geht gerade auf Gott zu* (die theoretische Spekulation sucht ihn auf Umwegen). *Die Begierde richtet sich auf das Gute; die Vernunft aber richtet sich auf die Ursache, durch die das Gute gut ist. Die Begierde ergreift Gott, insofern er liebenswert ist; die Vernunft erhebt sich höher und ergreift ihn, insofern er Wesen ist.*[134)]

Vernunft und Wille müssen zusammenwirken; die Vernunft muss durch den Willen befruchtet werden, um ihre Bestimmung zu erfüllen. In der Tätigkeit der Vernunft findet eine Bewegung der äußeren Dinge zu der Seele statt, und durch diese Bewegung wird das Bild dieser Dinge der Seele eingeprägt und eingestaltet, so es der Anfang einer Bewegung der Seele in ihre substanzielle Form und des wahren Wesens der Dinge ist, die in den Bildern erschei-

nen. Die theoretische Kraft der Seele ist aber nicht so ungehemmt als der Wille, denn sonst versenkte sie sich ohne Unterlass in die bestimmungslose Gottheit. Dies ist aber nicht der Fall, denn sie hat ihre Funktion zu üben, jede Kraft der Seele zu ordnen und an ihrer rechten Stelle zu erhalten, während der Wille nur gebietet oder verbietet. Der Wille ist insofern edler als der Verstand, weil er sich aller bestimmten Begriffe zu entschlagen und in das Nichtwissen zu stürzen vermag; aber über dem Willen steht dann noch die reine Anschauung des Absoluten, die sonst als Funktion der Vernunft erscheint. Die Seligkeit Hegt weder in der Erkenntnis noch in der Liebe allein, sondern es ist Eines in der Seele, und aus diesem Einen entspringt Erkenntnis und Liebe. Gott ist es selber vorenthalten, da zu wirken; er ist es selber und genießt sich selber als Gott. Die oberste Vernunft (Atma) *ist Gott selbst; sie steht dem absoluten Grunde gegenüber, von Angesicht zu Angesicht. In diesem Grunde der Seele ist Gedächtnis, Vernunft und Wille Eins und ohne Unterschied. Wo Verstand und Bekehrung endet, da ist es finster, da leuchtet Gott.*[135]

In der Seele oberster Kraft (Buddhi) *leuchtet Gott unverhüllt; in sie dringt nichts als Gott* (Atma) *ein, und sie ist ohne Aufhören in Gott. Diese Kraft ist ein Licht, welches nie erlischt; es erhält im Geiste immer die Möglichkeit der Umkehr zu Gott, denn selbst in der Hölle* (im Feuer der Leidenschaften) *bleibt die Natur der Seele göttlich; Lust und Leid berühren nur ihre niedersten Kräfte; der göttliche „Funke" ist ein Licht völliger göttlicher Gleichheit; es bleibt allezeit Gott zugewandt und scheidet sich nie von ihm. Dieser Funke kämpft unausgesetzt gegen alles Nichtgöttliche. Er ist eine besondere Kraft, namenlos, ohne Eigenschaft, weder dies noch das, weder hier noch da, teilt er die Natur der Gottheit. Er ist eins mit Gott; die Einheit fließt in ihn und er fließt in die Einheit zurück. Hier empfängt die Seele all ihr Leben und Wesen. Nur dies ist ganz in Gott; alles andere bleibt draußen. Dieser Funke der Seele wird auch der Geist der Seele* (Atma) *genannt. Er ist der innerste Mensch, der alles in der Form der Ewigkeit schaut; er ist das Licht der Vernunft, in welchem es keinen Gegensatz mehr giebt.*[136]

Dies ist die Seele, das Selbst, welches alles in allem und nur ein einziges ist, und nur wer dieses gefunden hat, hat sich selbst in der Wahrheit gefunden[137]; die Kreaturen aber als individuelle Dinge von diesem Selbst (Gott) verschieden betrachtet, seien es Menschen, Engel oder Dämonen, sind nur vorübergehende Erscheinungen oder Vorstellungen in diesem Selbst.

Die Welt der Kreaturen ist wesenlos und nichtig. Wenn ich alle Kreaturen (mich selbst mit eingeschlossen) *erkenne; so erkenne ich nichts. Alle Kreaturen an sich selbst sind gleich nichts; nur überstrahlt* (und durchdrungen) *von dem Lichte, aus dem sie ihr Wesen schöpfen, sind sie etwas. Ich sage nicht, dass sie „etwas Geringes" seien, sie sind nichts, sie haben kein Wesen, denn ihr Wesen hängt von der Gegenwart Gottes ab. Wendete Gott sich auf einen Augenblick ab, so würden sie in ihrem Nichts verschwinden. Wer Gott* (das Selbst in Allem) *erkennt, der sieht, dass alle Kreaturen nichts sind. Wenn man die eine Kreatur gegen die anderen hält, so erscheint sie schön; hält man sie aber gegen Gott, so ist sie nichts.*[138)]

Gott ist das Höchste; darum wirkt er auf alles, aber nichts wirkt auf ihn. Er ist in allen Dingen so, dass er zugleich außer allen Dingen ist. Darum kann ihn die Unvollkommenheit der Dinge nicht beflecken. Gott ist allein im Wesen der Kreatur; im Wesen aber ist keine Unvollkommenheit; denn diese ist Abfall von der Vollkommenheit (vom Wesen). *Je mehr er in allen Dingen ist, um so mehr ist er außer ihnen* (allselbstbewusst). *Was endliches Dasein hat, Zeit oder Ort, das gehört nicht Gott zu; er steht über demselben. Soviel er in allen Kreaturen ist, so viel ist er über sie erhaben. Was in vielen Eines ist, das muss notwendig über dem Vielen stehen.*[139)]

Der natürliche persönliche Mensch aber ist nur eine Erscheinung, durch die sich Gott offenbaren kann, und an sich selbst ist er ein Nichts; der auf Zeit und Form beschränkte Mensch kann kein Gott sein und Gott nicht offenbaren; Gott ist nicht seine Kreatur, sondern er ist ein Geschöpf der Natur, welche aus Gott entsprang.[140)]

Weil die Kreatur in ihrem eigenen Sein ein wesenloses Nichts ist, so kann sie auch Gott nicht offenbaren. Was göttliche Natur sei, davon kam noch nie ein Tropfen in die Vernehmung einer Kreatur. Gott offenbart sich für sich selbst durch die Kreatur; er ist das, was in der Kreatur als gut und vollkommen, wie in einem Spiegel erscheint.[141)]

Gott hat alles um seiner selbst willen getan; denn es ist ja außer ihm in Wirklichkeit nichts vorhanden. Er ist die Ursache aller Dinge, und wie er nach dem Gleichnisse der ersten Ursache wirkt, so wirken alle Kreaturen nach demselben Gleichnisse. Das ist die Liebe, die sie zu Gott haben. An alle Kreaturen ergeht der Ruf, wieder in das (Selbstbewusstsein) *zu gelangen, aus dem sie geflossen sind. All ihr Leben und Wesen ist nichts als ein Drängen und Eilen nach dem* (Zustande), *aus dem sie ausgeflossen sind. Alle*

Kreaturen in allen ihren Tätigkeiten wollen Gott offenbaren, aber sie können es nicht. So wie mein Mund Gott (das Selbst) *verkündet und offenbart, so auch der Stein, und diese Offenbarung vermittelst des Wirkens ist deutlicher als die vermittelst der Worte; aber selbst die obersten Engel reichen mit ihrem zu Gott emporstrebenden Wirken nicht an die Wirksamkeit Gottes heran. Die Drei Faltigkeit* (die Erkenntnis des Selbsts in sich selbst) *ist der Ursprung aller Dinge, und alle Dinge streben zurück nach ihrem Ursprünge. Sie sind ewig in Gott (im Nichtselbstbewusstsein) gewesen und sollen wieder in Gott* (in das Gottesbewusstsein) *zurückkehren.*[142].

(Eckharts Schriften, gesammelt von Denifle. Freiburg i. B.)

Evolution und Involution

„Im ewigen Sein sind alle Dinge ungesehen enthalten. Dann folgt das Offenbarwerden derselben, wodurch sie zum Vorschein kommen, und im Tode (dem Aufhören der Erscheinung) werden sie wieder unsichtbar. Was gibt es da zu beklagen?“ (Bhagavad Gita, II, 2S.)

Gott an sich selbst (das wahre Selbstbewusstsein) ist unveränderlich; in ihm gibt es keinen Fortschritt oder Rückschritt; weder Evolution noch Involution, er ist die Vollkommenheit selbst; aber die Ideen, welche in seiner Natur existieren, und als für uns wahrnehmbare Dinge, Kreaturen, Erscheinungen, auftreten und wieder verschwinden, entfalten sich und werden durch immer weiter voranschreitende Entwickelung immer bessere Werkzeuge zur Offenbarung der ihnen innewohnenden Gottesnatur. Gott ist z. B. in einem Steine ebenso gegenwärtig, als in einem Menschen; aber in einem Steine ist er nicht selbstbewusst. Im Menschen kann er selbstbewusst werden. Ist dies eingetreten und hat der Mensch dadurch sein Selbstbewusstsein in Gott erlangt, so ist er im göttlichen Selbstbewusstsein (in der Vollkommenheit) und hat den menschlichen Körper zur Entfaltung dieses Selbstbewusstseins, die ja dann vollendet ist, nicht mehr nötig. Er tritt dadurch wieder in Gott ein, aus dem er gekommen ist. Früher war er in ihm ohne Bewusstsein der Individualität; jetzt hat er die Selbsttäuschung überwunden und ist in ihm in der Weisheit.

Daher ist alle Bewegung, und der Sinn dieser Veredelung ist die fortgehende Veredelung. Die Natur macht keinen Sprung; sie hebt immer an bei dem Niedrigen und strebt hinauf zum Höchsten. Wie die Farben eines Regenbogens unmerklich ineinander übergehen, so ununterbrochen schließt sich in der Natur Wirkung an Wirkung. Der Natur ist es unmöglich, dass sie etwas zerstöre, verderbe oder auch nur antaste, ohne dass sie aus dem, was sie berührt, ein höheres Gut hervorzubringen beabsichtige; es genügt ihr nicht, etwas anderes ebenso Gutes hervorzubringen; ihr Wille geht immer auf das Bessere. Die Materie ruhet nicht, bis sie mit allen Formen erfüllt wird, deren sie fähig ist, und die Vernunft ruhet nicht, bis sie mit alle dem erfüllt wird, dessen sie empfänglich ist. Alle Kreaturen richten ihren Lauf auf die höchste Vollkommenheit; in allem findet man ein Jagen nach Gott (dem Selbstbewusstsein) *doch jagen sie ihm nach in verschiedener Weise; je nach dem Masse ihres Vermögens. Das Feuer* (die Liebe) *ziehet aufwärts, die Erde niederwärts, und jede Kreatur sucht ihre Stätte, so wie Gott sie ihr angewiesen hat. Alle, selbst die Niedrigsten, streben aus der Mannigfaltigkeit heraus zur Einheit. Gott gleich zu werden* (durch ein Eingehen in Gott, nicht durch ein Getrenntsein von ihm) *ist die gemeinsame Sehnsucht aller Kreaturen. Darum läuft der Himmel; darum begehrt Mensch und Vieh. Es ist keine Kreatur so verworfen, dass sie irgendetwas lieben könnte, was absolut böse ist; denn was man liebt, muss entweder gut sein oder gut scheinen. Gott ist die Liebe. Wäre Gott nicht in allen Dingen, die Natur wirkte und begehrte nichts an einem Dinge, denn es sei dir lieb oder leid, du magst es wissen oder nicht wissen; dir unbewusst sucht deine Natur in ihrem Innersten Gott. Darin hegt das Wesen aller Kreaturen, dass sie Gott suchen und ihm nachjagen. Alles, was die Natur leisten kann, das richtet sie auf das eine Ziel.*[143)]

Gott ist die Ruhe. Alle Bewegung geschieht aus Begierde nach Ruhe (aber die Seligkeit der Ruhe wird erst dann erkannt, wenn man den Sieg über die Unruhe errungen hat). *Gott sucht die Ruhe in allen Dingen; die göttliche Natur ist Ruhe. Ruhe im Innersten sucht die Seele in aller ihrer Bewegung. Gott hat allen Dingen ihre Heimat gegeben; den Fischen das Wasser, dem Vogel die Luft, dem Tier die Erde, der Seele die Gottheit. Dass Gott unbeweglich ist, das macht, dass sich alle Dinge in ihm bewegen, und je edler ein Ding ist, mit um so größerer Leichtigkeit bewegt es sich. Wäre nicht Ruhe in Gott, so verginge die göttliche Natur und es nähme das Himmelreich ein Ende.*[144)]

Im Zentrum des Rades ist die Ruhe; aber die Speichen bewegen sich und die Bewegung geht nach dem Mittelpunkte zurück, von dem sie ausgegangen ist. Dieser Mittelpunkt ist die Vollkommenheit (Nirvana).

Darum ist in der Natur ein unaufhörlicher Formenwechsel. Das Weizenkorn verwest, um in neue Formen überzugehen; die Pflanze, die meine Eltern aßen, hat meinen Leib aufbauen helfen. Das ist die eigentliche Bedeutung des Menschen in der Ordnung aller Dinge, dass er das wesentliche Mittel für die höchsten Zwecke Gottes ist; das ist aller Dinge Streben, in menschliche Natur verwandelt zu werden. Der Mensch soll alle Dinge emportragen zu Gott, ihrem ersten Ursprunge. Der Anlage nach ist der Mensch die Gesamtheit aller Kreaturen. Wenn man vom Menschen spricht, so spricht man von allen Kreaturen; denn alle Kreaturen sind in ihm versammelt. Alle Kreatur ist ein einziger Mensch, den Gott von Natur lieben muss, und dieser „Mensch“ ist Gott. In menschlicher Natur verändern alle Kreaturen ihre Namen und werden geadelt; in menschlicher Natur verlieren sie ihre Natur und kehren zu ihrem Ursprunge zurück. In menschlicher Natur erlangt jede Kreatur ihre Ewigkeit.[145)]

Als der geistige Mensch (Universalgeist) *aus Gott* (dem Absoluten) *entsprang, war er ein „Engel“; d. h. eine geistige Kraft und Wesenheit ohne individuelles Selbstbewusstsein; d. h. ohne die Täuschung des „Selbsts“. Aus ihm sind alle Menschen und Kreaturen entstanden, um durch die Überwindung dieser Täuschung auf dem Wege der Erfahrung und Evolution wieder in Gott zurück zu gelangen.*[146)]

Der höchste Engel schöpft aus Gott und gestaltet das Empfangene nach sich; dann gibt er es den mittleren; diese geben es den niederen und diese den irdischen Menschen. Der Engel reinigt, erleuchtet und vollendet die Seele. Göttliches Licht ist so überschwänglich, dass es die Seele nicht ertragen könnte, würde es nicht in des Engels Licht gemildert, und so erst der Seele eingeflößt. Der vollkommen gewordene Mensch aber ist über die Vermittlung durch die niederen Engel (Kräfte) *hinaus und empfängt unmittelbar vom obersten Engel. Die höchsten Wirkungen Gottes im Menschen entziehen sich auch der Kundschaft des obersten Engels.*[147)]

Das Wesen des Engels ist Vernunft. Er ist ein fleckenloser Spiegel, in welchem sich das göttliche Licht ohne Trübung reflektiert. So steht er frei und formlos zwischen Gott und Materie; selber ein Bild Gottes, durchleuchtet er all sein Wesen mit dem Bilde Gottes. Die Engel erkennen auch in einem überzeitlichen Lichte. Die Werke, die sie in Gott üben, sind unzeitlich; aber in ihrem Wirken auf endliche Dinge haben sie einen Schatten von Zeitlichkeit. Was der Engel hat, das wird ihm ohne Anstrengung; der Seele dagegen wird es durch ihre Arbeit. Darum ist das Wachstum der Seele etwas viel Herrlicheres, als das des Engels, und eine Erkenntnis, welche die Seele gewinnt, ist wertvoller als zehn Erkenntnisse eines Engels (der nichts dabei zu überwinden hat).[148)]

Hätte Adam (der ursprüngliche Universalmensch) *Gott in seinem absoluten Wesen geschaut, so hätte er nicht „fallen“ können; aber er erkannte, dass er* (in seiner Selbstheit) *war, und daran haftete sein Blick mit Lust; dies war sein „Fall“ und nichts anderes, und so fallen alle diejenigen, die sich von Gott* (dem wahren unendlichen Selbst) *auf das Vergängliche in ihrer Natur* (das Scheinselbst) *richten. Je tiefer der Mensch* (als Ganzes) *in seine Selbstheit versank, um so tiefer steckten auch seine Nachkommen in ihrem Egoismus; so pflanzte sich und pflanzt sich noch die Folge dieser Erniedrigung, die „Erbsünde", fort. Dieser „Fall" war für den Menschen zum Vorteil. Könnte der Mensch in der Einheit verbleiben, sodass er alle Funktionen übte, die alle Kreaturen jemals geübt haben, so wäre dies nicht so gut; denn die oberste Kraft der Seele* (Buddhi) *zöge die untersten* (Kama) *nach sich, sodass der Mensch nichts wirken könnte, als ein einziges göttliches Werk. Das kann aber nicht sein, und deshalb schaut die oberste Kraft in Gott* (dem wahren Selbstbewusstsein) *ihr Heil und gießt es weiter in die niederen Kräfte, sodass sie Erkenntnis des Guten und Bösen haben. Ohne die Erkenntnis des Bösen könnte der Mensch die Natur des Guten nicht wirklich erkennen lernen, nur durch die Überwindung der Täuschung erlangt er die Erkenntnis der Wahrheit und die Realisierung seiner wahren Individualität und Einheit mit Gott, deren unendlicher Wert durch nichts zu ersetzen ist. Die Zerspaltung der Kräfte der Seele und der Ursprung der Individualität des Einzelnen ist ein Bestandteil der ewigen Weltordnung und ist ein Mittel zum Zweck auf dem Wege zur Vollkommenheit.*[149)]

Gott (das wahre Selbstbewusstsein) ist viel zu groß, als dass ihn irgendeine Kreatur fassen, oder er in einem menschlichen „Selbst" eingeschlossen werden könnte. Wer mit ihm eins werden will, der muss nicht versuchen, ihn in seine Beschränktheit herabzuziehen, sondern sich zu ihm in die Freiheit erheben.

Als Gott alle Kreaturen erschuf, da waren sie so niedrig und eng, dass er sich nicht in ihnen bewegen konnte; da machte er sich die Seele so gleich und so angemessen, dass er sich ihr mitteilen konnte. Er hat nichts geschaffen, was ihm gleich wäre, als die Seele; sie ist mächtiger, edler und größer als alle Kreaturen; sie ist nicht geschaffen wie die anderen Dinge, in beschränkter Form, sondern in Gott, mit Gott ist sie gebildet, und Gottes Bild ist in ihr ausgeprägt. Ihre Größe vermag Himmel und Erde nicht auszufüllen, sondern nur Gott selber (das Allselbstbewusstsein), *den die Himmel aller Himmel nicht fassen können; darum, wer die Seele messen will, der nehme Gott als Maßstab; denn der Grund Gottes und der Grund der Seele sind nur ein einziges Wesen. Nirgends ist Gott so eigentlich (selbstbewusst) als in der Seele; in allen Kreaturen ist etwas von Gott* (Bewusstsein); *aber in der Seele ist er auf göttliche Weise* (selbsterkennend); *denn sie ist seine Ruhestatt. In ihren obersten Kräften ist das Bild der Dreieinigkeit Vernunft, Wille und*

Gedächtnis; das Gedächtnis gleicht dem „Vater", die Vernunft dem „Sohne" und der Wille dem „heiligen Geiste". Die oberste Form der Seele, der „Funke", entspricht der nichtoffenbaren Gottheit, welche der Seele höchster Gegenstand ist.[150)]

Dieses Selbst oder dieser Funke (Atma) ist aber nichts Fremdes und vom Menschen Abgesondertes, Unerreichbares und Getrenntes, sondern jedes Menschen eigenes wirkliches und wahres göttliches Ich, im Innersten der Seele verborgen.

Ich stehe im Grunde der ewigen Gottheit, da wirkt Gott alle seine Werke aus mir und durch mich, und alles, was verstanden wird, das bin ich. Gott hat alle Dinge gemacht durch mich, als ich in dem grundlosen Grunde Gottes (der ewigen Gottheit) *war. Alles, was in Gott ist, ist Gott. Da mein Bild ewig in Gott gewesen ist und es noch ist und immer sein muss, darum ist meine Seele ewig in Gott gewesen und ist Gott selber, so ist die Seele mit dem Worte* (λογος) *identifiziert, das ewig in Gott war, und in dem Universalmenschen sind alle Kreaturen geschaffen. Zwischen dem Sohne Gottes und der Menschheit* (als Einheit) *ist kein Unterschied; der Sohn ist das Urbild der Menschheit.*

So sind wir selbst sein einziger Sohn, den der Vater ewiglich geboren hat. Der einzelne Mensch ist nicht die ganze Menschheit. Dann erst verstehe ich mich im höchsten Sinne, wenn ich nichts anderes verstehe, als dass ich sei das Wesen, aus dem Gott sein Wesen oder seine eigene Gottheit entnimmt. Somit ist die Seele (das Selbst) Gott (das Selbst) *selber, und Ich bin der Schöpfer aller Dinge; ja Ich* (wenn ich dies richtig verstehe) *bin derjenige, welcher Gott geschaffen hat, das Absolute.*

In der Gottheit, dem Absoluten, da war ich selber, wollte mich selber und erkannte mich selber. Da war ich mein eigener Schöpfer (der Schöpfer meiner Inkarnation und Reinkarnationen). *Indem ich entstand, entstanden alle Dinge. Ich war die Ursache meiner selbst und aller Dinge, und wollte ich, dass ich nicht wäre, so wäre ich nicht und alle Dinge wären nicht. Wäre Ich* (das Absolute) *nicht, so wäre auch Gott nicht.*[151)]

Ehe aber der Mensch zur Erkenntnis dieses seines göttlichen Ichs gelangen kann oder es erkennen will, muss er fast unendlich viele Täuschungen erfahren, welche dazu dienen, ihn zu überzeugen, dass sein „Schein-Ich" nicht sein wirkliches Ich, sondern nur das Produkt einer Selbstbespiegelung ist.[152)] Zur Überwindung dieses Selbstbetrugs hat der Mensch die Vernunft.

Des Menschen Vernunft ist das eigentliche Werkzeug Gottes, vermittelst dessen der Rückgang aller Dinge in Gott vollzogen wird. Die menschliche Vernunft bildet in sich alle Dinge ab und schließt alle Dinge in sich; sie gestaltet sich die Dinge ein, und das Niedrigste wird in ihr licht wie die Sonne. Durch seine Seelenanlage hat der Mensch das Wesen aller Kreaturen in sich, der Steine wie der Bäume und aller anderen. In dieser Anlage hat er die Bilder aller Kreaturen mit ihren Unterschieden in seine Vernunft aufgenommen, und so umfasst er Wesen und Bild, Vernunft und Vernunftlosigkeit aller. So sind in ihm alle Dinge geschaffen.

Wird also die Vernunft mit Gott gereinigt, so kehren in ihr alle Dinge in ihren Ursprung zurück. Darum ruht die Seele nimmer, bis sie in Gott kommt, der ihre erste Form ist, und alle Kreaturen ruhen nimmer, bis sie in die menschliche Natur kommen, und dann in dieser erst in ihre erste Form, in Gott. Wir sollen alle Dinge vergeistigen, allen Dingen Geist sein und alle Dinge sollen uns Geist sein; wir sollen alle Dinge in Gott erkennen und mit uns Gott werden lassen. Alle Kreaturen verzichten auf ihr Leben, um ihr Wesen zu gewinnen; alle erheben sich in meine Vernunft, um in mir vernünftig zu werden; ich allein führe sie zu Gott zurück; ich bringe sie aus ihrer Vernunft in meine Vernunft (Bewusstsein), *dass sie in mir mit mir Eines sind.*[153)]

Aber nicht nur dringen des Menschen Ausflüsse auf niedriger stehende Kreaturen ein, um dieselben zu sich zu erheben, sondern auch die Ausstrahlungen höherer Wesen durchdringen mit ihren Kräften den Menschen, wenn er sich für dieselben empfänglich macht, und bewirken dadurch seine Erhebung, Erbauung- und Erlösung- von der Täuschung der Selbstheit mit ihrem Anhange von Begierden und Leidenschaften.

Da der Mensch durch die Sünde (den Irrtum) *die Kraft verloren hat, das zu vollbringen, wozu er berufen ist, so müssen alle Kreaturen, die aus Gott geflossen sind, mit allen ihren Kräften dahin wirken, wie sie einen* (Universal-) *Menschen erzeugen, der wieder in die Vereinigung mit Gott (die Erkenntnis des wahren Selbsts) gelange, in welcher Adam vor dem Falle war, und der alle Kreaturen wieder in dieselbe Kraft erhebe, die sie in menschlicher Natur besassen.*[154)]

Diese aus Gott geflossenen Kreaturen sind alle Wesen, welche Freiheit des Willens haben, und zu diesen gehören alle großen und erhabenen Menschengeister (Mahatma) welche auf Erden leben oder gelebt haben und durch ihren Einfluss und Lehre den niedriger stehenden Menschen behilflich sein und sie näher zu sich und dadurch auch näher zu Gott bringen können.

In dem Maße, als ich Gott näher bin, spricht sich Gott in mich ein, und damit kehrt er bei sich selber ein. Vermöge der mit Christo (dem Lichte der göttlichen Weisheit) eins gewordenen Menschenseele kehrt Gott mit allen Kreaturen in sich selbst zurück. Da versinkt die Welt der Kreaturen, und der offenbare, dreieinige Gott (die Selbsterkenntnis) selber im Abgrunde der Gottheit, wo es keine Vorstellung von „Selbst“ mehr gibt (Nirvana).

Da fließt der Vater mit allen Kreaturen in sich selber zurück. Aller Dinge Werden endet im Entwerden, und der ewige Prozess ist die Wirkung der ewigen Natur und hat deshalb weder Anfang noch Ende. So ist der Kreis umlaufen, der Fluss in sich selber verflossen, und das All ruht wieder im unaufgeschlossenen Schoße der unaufgeschlossen en Gottheit.[155)]

Es findet somit, vom göttlichen Standpunkte aus betrachtet, weder ein Werden noch ein Entwerden, weder eine Schöpfung von etwas Neuem noch ein Vergehen desselben, weder eine Evolution noch eine Involution, weder ein wesentlicher Fortschritt noch ein Rückschritt statt; Gott bleibt immer derselbe, und das ganze Weltall kann verglichen werden mit einem Sonnenflecken, der auf der (geistigen) Sonne des Weltalls sich bildet und wieder verschwindet. Deshalb sagt auch die Dschedir-Veda wie folgt:

Wie wenn ein Kristall, der mit Staub beklebt ist, und deshalb undurchsichtig geworden ist, nach dem Abwaschen Reinheit und Glanz wieder erhält, so kommt der Atma (das Selbst), welcher das Lichtwesen ist, wegen des Staubes des verkehrten Wissens nicht als Licht zur Erscheinung. Wird er aber mit dem Feuer und Wasser der Erkenntnis gewaschen, so wird er wieder hell und klar und sichtbar; die Trübsal weicht von ihm und sein Handeln und Tun ist zu Ende. Nichts bleibt ihm zu tun übrig. Er ist der Alleinige geworden. Wer dieses Licht zu seiner Leuchte gemacht und den reinen Brahm erkannt hat, der wird mit demselben Eins.

Vereinigung

„Die Schwierigkeiten, welche sich denjenigen entgegenstellen, die ihr Herz nach dem Nichtoffenbaren richten, sind groß; denn der geistige Weg ist schwer zu finden für diejenigen, deren Geist an den Körpern (Vorstellungen) haftet. Wer aber mit allem seinem Tun sich Mir ergibt, ihn erhebe ich aus der Sturmflut, weil zu mir sein Geist gerichtet ist. Wende dein Herz zu Mir allein, lass deinen Geist in Mir Ruhe rinden, so wirst du bei Mir in der Höhe wohnen. Daran zweifle nicht." Bhagavad Gita.

Es braucht kaum erwähnt zu werden, dass die hier gegebenen Vorschriften nicht für diejenigen geschrieben sind, welche kein Verlangen darnach haben, das wahre Selbst kennenzulernen, sondern nur für diejenigen, welche nach der göttlichen Selbsterkenntnis streben. Für alle anderen genügen bloße Moral-Predigten und Ermahnungen zu einem erbaulichen Leben, deren es die schwere Menge in Hülle und Fülle gibt. Die Morallehre sucht einen guten und tugendhaften Menschen zu machen, der auf sein „Selbst" stolz sein kann; die Yoga-Lehre erkennt dieses Schein-Selbst mit allen seinen Tugenden als ein Nichts; sie schafft alle sogenannte Selbstheit, allen Egoismus, sei er sinnlich oder „transzendental", fort; sie erkennt nichts als wirklich vorhanden als Gott, vor dem alles andere nichts ist und deshalb auch in Wirklichkeit nichts in sich selber besitzt.

Wer nun das wahre Selbst kennenlernen will, der sollte an sich „selbst" so wenig als möglich denken, dagegen seinen Sinn stets auf die Wahrheit gerichtet halten. Er sollte für sich „selbst" gar nichts verlangen, weder in diesem noch in einem anderen Leben. Damit ist nicht gemeint; dass er nicht fähig sein solle, an irgendetwas Interesse zu finden, oder sich einbilden solle, dass er alles verachte; sondern er soll über die Beschränktheit seines sterblichen „Selbsts" hinauswachsen; dann fällt auch alles, von was sich dieses „Selbst" vorher angezogen fühlte und was es beherrschte, von selber weg.

Es verhält sich mit der Kraft, welche dem Gottesbewusstsein im Menschenherzen entquillt, wie mit dem Schein der Sonne; sie ist eins mit Gott; seine notwendige Wirksamkeit, ein nie versiegender Fluss, der in dem Herzen der Gottheit entspringt. Wenn Gott dich bereit findet, so muss er in dir wirken und sich in dich ergießen, wie die Sonne, wenn die Luft klar und rein ist, sich in sie ergießen muss und sich dessen nicht enthalten kann; denn das Werk der Gnade ist Gottes Offenbarung, mit der er sich für sich selbst in der Seele offenbart. Da wird dasjenige, worin gewirkt wird, in das Wirkende verpflanzt und zur Gleichheit erhoben. Empfängst du von Gott deine Menschheit, so empfängt Gott seine Gottheit von dir. Gottes Natur, Wesen und Gottheit hängt daran, dass er in der Seele sein Werk treiben muss; es sei dir lieb oder leid, ob du schlafest oder wachest; Gott (das Selbstbewusstsein) *tut das Seine. Er ist stets bereit zu geben; aber wir sind nicht stets bereit zu empfangen. Nur wir tun ihm Gewalt und Unrecht an, indem wir ihn durch unseren Mangel an Bereitschaft an dem ihm durch seine Natur notwendigen Wirken hindern. Nicht darum will ich Gott bitten, dass er mir etwas gebe, und ihn auch nicht für dasjenige loben, was er mir gegeben hat; sondern ich will ihn darum bitten, dass er mich fähig mache zu empfangen, und ich will ihn dafür loben, dass es seine Natur und sein Wesen ist, dass er geben muss. Wer ihm das benehmen wollte, der nähme ihm sein eigenstes Wesen und sein Leben; denn sein Wesen und Leben ist die Liebe selbst; seine Liebe ist der heilige Geist.*[156)]

Nicht darum handelt es sich, dass der Mensch sein nichtiges „Selbst" für fromm, gut, tugendhaft, weise usw. halte und damit seiner persönlichen Eitelkeit schmeichle, sondern dass ihm seine Person gar nichts mehr sei, und er in der Herrlichkeit, Güte, Kraft (Tugend), Weisheit, Selbsterkenntnis und Seligkeit Gottes lebe und daran teilnehme. Desgleichen sind auch alle Handlungen, die der Begierde des „Selbsts", des Nichts entspringen, im Ewigen ohne Wert und wie ihr Schöpfer vergänglich, nur das, was der Mensch tut, weil er es soll, ist dauernd; es ist selbstlos und daher nicht sein Werk, sondern das Werk Gottes in ihm.

Die Tugend ist ein beständiges Bleiben in Gott; ihr Grund ist Gottes Liebe im Herzen; alles gehört der Tugend an, was die göttliche Liebe in der Seele wirkt. Den Willen Gottes tun, heißt selbstlos dem Gesetze der Vernunft und Liebe gehorchen; nicht deshalb, weil man sich einbildet, dass dies der Wille irgendeines Gottes sei, sondern weil der Wille Gottes die Liebe und sein Gesetz die Vernunft ist. Der wahrhaft Tugendhafte liebt das Gute nicht um irgendeines Zweckes willen, sondern um des Guten selbst willen und weil er es als das Gute erkennt. Der Gerechte liebt an Gott weder dies noch das, und gäbe ihm Gott all sein Wissen und alles was er zu bieten vermag, außer sich selbst, er achtete nicht darauf und es gefiele ihm nicht; denn er will und begehrt nichts für sich selbst; er hat keine endlichen Zwecke, um derentwillen er etwas täte. Wie Gott ohne endliche Zwecke wirkt, so auch der Gerechte, und wie die Unsterblichkeit selbst ihr eigener höchster Zweck ist, so wird auch der Gerechte durch keine außer ihm liegenden oder endlichen Zwecke in seinem Tun bestimmt. Gott (das Selbstbewusstsein) *ist sein eigener Zweck. Ihm sich hinzugeben, ist die Voraussetzung der Tugend; wie könnte der Tugendhafte einen anderen Zweck im Auge haben, als Gott selbst. Die Tugend ist selbstlos; sie begehrt nichts für sich selbst und wird nicht geübt mit Rücksicht auf irgendeinen zu erwartenden Lohn.*[157)]

Alle diejenigen, die ihre guten Werke tun zu Gottes Ehren, aber doch mit der Absicht, dass Gott ihnen etwas dafür gebe oder tue, was ihnen lieb sei, sind gleich den Kaufleuten, die Jesus aus dem Tempel treibt. Sie wollen etwas hergeben, um etwas Besseres dafür zu erlangen und gleichsam einen Handel treiben mit dem Herrn. Aber sie betrügen in ihrem Handel sich selbst; denn alles was sie haben und zu wirken vermögen, haben sie von Gott, um es um Gottes willen allzumal auszuwirken; darum ist ihnen Gott nichts schuldig. Gott sucht nicht das Seine; in allen seinen Werken ist er frei und ledig; er wirkt allein aus Liebe. So auch der Mensch, der mit Gott vereinigt ist; er steht frei und ledig in allen seinen Handlungen; er wirkt sie aus Liebe ohne äußeren Zweck allein zur Ehre Gottes; er sucht nicht das Seine darin; nicht er wirkt, sondern Gott wirkt das Gute in ihm.[158)]

Suchst du das Gute oder unterlässt du das Böse um deines eigenen Nutzens willen, so suchst du nicht Gott, sondern deinen Eigennutz. Wer Gott sucht und noch etwas obendrein, der findet ihn nicht; wer aber Gott allein sucht, der findet ihn und alles, was er zu bieten vermag. Suche Gott um Gottes, die Wahrheit um der Wahrheit, die Gerechtigkeit um der Gerechtigkeit willen, und lass dein „Selbst" dabei ganz aus dem Spiel. Wen die Wahrheit, die Gerechtigkeit, die Güte einmal ergriffen hat, der kann sich nie davon abkehren, auch nur auf einen Augenblick, selbst wenn alle Qual der Hölle daran hinge. So ernst soll es um die Tugend sein, dass, je größer die damit verbundene Qual wäre, um so größer unsere Liebe zur Tugend würde. Der wahre Mensch wirkt, um zu wirken, und aus keinem anderen Grunde.[159)]

Hierzu gehört vor allem der Glaube an ein höheres und besseres, geistiges Selbst.

Der Glaube ist eine mystische Kraft, deren Dasein auf keinerlei Theorie oder Meinung beruht, sondern auf nichts als sich selbst; er ist die Empfindung der Wahrheit.

Wem Gott rechte Erkenntnis aller Dinge mitteilt, dem wird das Dünken, Wähnen und Meinen benommen; der braucht nicht mehr zu fragen nach Worten und Beweisen, wie er sie von anderen Menschen gehört oder aus der eigenen Vorstellung geschöpft hat. Eine Offenbarung, die früher einmal für einen anderen stattgefunden hat, kann für uns nur eine Anleitung sein; wo aber die Offenbarung der Wahrheit im eigenen Innern stattfindet, da hört in der unmittelbaren Anschauung alles Gleichnis auf. Das Leben in der Wahrheit, in der Selbsterkenntnis Gottes ist ein unmittelbares Empfangen vom Heiligen Geiste (der Selbsterkenntnis). *Der „Götter Kinder" sind diejenigen, welche die Schrift lesen und in ihrem Innersten verstehen, und sie in guten Werken erfüllen, bis sie die Wahrheit in Gott empfinden lernen. In dem Lichte des Glaubens begreifen sie die heilige Schrift, bis sie durch das Licht des Glaubens in den Tau der Gnade kommen, und in diesem lernen sie Gefallen finden an den Wegen des ewigen Lebens; aber diejenigen, welche „Götter"* (Adepten) *genannt werden, sind die, welche in Gott tot sind, und an denen nichts mehr lebt als Gott. Sie sind verborgen in der Einheit mit Gott und leben ein göttliches Leben. Und die dritten, „der Götter Väter", sind die vollkommensten; denn sie sind versunken in die grundlose Tiefe Gottes, und Gott lebt nicht allein in ihnen, sondern sie leben auch in Gott[160). Sie haben die Hügel und Berge überstiegen und sind zur wahren Sonne gelangt, und die flammende Glut des heiligen Geistes hat alle Materie an ihnen verbrannt, sodass da nichts erscheint, als ein Licht in Gott.*[161)

Was man in Worte fasst, das begreifen die niederen Seelenkräfte (Kama-Manas); *daran genügt es den oberen Seelenkräften nicht; sie dringen immer weiter, bis in ihren Ursprung, aus dem die Seele geflossen ist. Wer Gott kennen will, der muss frei sein von allem kunstfertigen* (zusammengesetzten) *Denken; erst wenn der Mensch über alles intellektuelle Begreifen hinausgehoben, im Licht des Glaubens steht, findet sich Gott ungehindert, in ihm zu wirken. Dahin gelangt niemand durch eigenes Wollen und Spekulieren, sondern nur durch die reine Anschauung und klare Vernunft. Wenn sich das göttliche Licht in die Seele ergießt, so wird sie mit Gott gereinigt, wie ein Licht mit dem anderen, und das heißt dann ein Licht des Glaubens. Wohin die Seele mit ihren Kräften und Sinnen nicht zu kommen vermag, dahin trägt sie der Glaube* (das Licht). *Als dieses unergründliche Licht macht uns der Glaube durch die Größe des* (einfachen) *Erkennens frei von allem* (zusammengesetzten) *Wissen; durch die Größe des (göttlichen) Willens frei von allem* (persönlichen) *Wollen, und durch die Fülle der Bilder von der Anziehung einzelner Bilder frei. Ein wahrer ernstlicher Glaube ist weit mehr als alles Wähnen; in ihm haben wir ein wahrhaftes Wissen.*[162)]

Der Glaube ist in der Tat eine geistige Anschauung, ein geistiges Begreifen, Fühlen und Erkennen, ohne welches kein intellektuelles Verständnis möglich ist, wie ja auch im äußerlichen die Anschauung eines Gegenstandes dem Verständnisse seiner Zusammensetzung vorangehen muss, wenn von einem wirklichen Wissen und nicht bloß von einer selbstgemachten Vorstellung die Rede sein soll. Zu dieser geistigen Anschauung gehört aber die geistige Liebe, wodurch man den Gegenstand der Erkenntnis (das wahre Selbst) zu erkennen begehrt, sich geistig zu ihm angezogen fühlt, es geistig ergreift und umfasst.

Es ist mit der Liebe gerade wie mit der Angel des Fischers. Dem Fischer wird der Fisch nicht zu teil, er hafte denn an der Angel; hat ihn aber die Angel erfasst, so ist der Fischer des Fisches sicher, wie sehr sich der Fisch auch sträube. Wer von der Liebe gefangen wird, der trägt die allerstärkste Fessel und doch eine süße Bürde. Wer diese Bürde auf sich genommen hat, der erlangt mehr und wird dadurch mehr gefördert, als durch alles theoretische Wissen und durch alle äußeren Übungen. Nichts macht dich Gott zu eigen, als dieses süße Gebundensein. Wer diesen Weg gefunden hat, der suche keinen anderen. Wer an dieser Angel haftet, der ist so gefangen, dass Fuß und Hand, Mund, Augen, Herz und alles, was im Menschen ist, Gott (dem göttlichen Dasein) *eigen sein muss. Der Tod scheidet die Seele vom Leibe; aber die göttliche Liebe scheidet alles von der Seele; was nicht Gott oder göttlich ist, das duldet sie nicht. Wer in diesem Netz gefangen ist und diesen Weg wandelt, alles, was er tut, das tut er aus Liebe, oder vielmehr die Liebe tut es durch ihn, und ihr gehört es an; er tue etwas oder nichts, daran ist nichts gelegen. Eines solchen Menschen unbedeutendstes Tun ist ihm nützlicher und Gott wohlgefälliger, als aller Menschen Übung, die in geringerer Liebe stehen; sein Ruhen ist nützlicher als anderer* (selbstsüchtiges) *Wirken; darum habe allein acht auf die Liebe, so wirst du in ihr selig gefangen, und je mehr du gefangen bist, desto mehr bist du frei* (von dir selbst).[163)]

Dass aber ein Mensch nicht so viel Liebe hat, als ein anderer, das ist seine Schuld, weil er sich (in seinen früheren Daseinsformen) *nicht so gut dafür vorbereitet hat, wie dieser. Das Fünklein der Seele erlischt niemals; die in der Seele erwachte Erkenntnis*

Gottes schwindet niemals so ganz, dass sich der Mensch nicht erheben und aus der Sünde zu Gott wenden könnte. In jedem Augenblicke kann es im Menschen licht werden, sobald er nur seines freien Willens mächtig wird.[164)]

Gott gibt jedem das Beste, je nachdem er mehr erkennt und es ihn am meisten fördert. Oft ermahnt uns Gott zum Guten durch allerlei Ungemach[165)]*. Könnten wir es verstehen und verhielten wir uns dazu, wie wir sollten, so könnten wir zu Gnaden* (in die Liebe) *kommen. Die Gnade gelangt an die Seele, verhüllt in der Lehre; aber rein und unwiderstehlich wirkt sie, wo der Geist der Selbsterkenntnis* (der Heilige Geist) *ohne alle äußere Vermittlung in das Herz einspricht, und das Herz sie versteht und willig aufnimmt.*[166)]

Die Gnade ist das Werk Gottes in uns. Sie kann nicht ohne unseren Willen in uns mächtig werden; aber unser Wille kann auch nichts tun, um sie zu erlangen; wir können sie nicht auf uns herabziehen, sondern nur die Hindernisse hinwegräumen, die ihrem Wirken im Wege sind. Alle Gaben Gottes sind von Gottes Gnade und unverdient, uns geziemt es, stets bereit zu sein, sie zu empfangen und ihrer geduldig zu warten. Kein Mensch, der die Sünde will, kann sich von selber bekehren; es ist noch weniger möglich, dass ein Sünder aus eigener Kraft sich bekehre, als dass ein Mensch sich selber töte und sich' aus eigener Kraft wieder lebendig mache. Wer sich von einem verkehrten (nach unten gerichteten) *Willen bekehren will, der muss sich durch die Kraft des göttlichen Willens emporziehen lassen. Das Licht der natürlichen Vernunft* (Manas) *ist gegen das Licht der Gnade* (Buddhi) *wie ein einziger Tropfen gegen das Meer, und noch tausendmal geringer. Soll ich Gott in dem wesentlichen Punkte, der da in der Mitte steht, allen Kreaturen gleich ferne und gleich nahe, erkennen, soll ich ihm genähert werden, so muss meine natürliche Vernunft über sich erhoben werden durch ein Licht, das höher steht als sie. Wäre mein Auge ein Licht und so kräftig, dass es das Licht der Sonne in seine Kraft aufnähme und mit demselben eins würde, so geschähe dies nicht durch meine eigene Kraft, sondern durch das in mir wirkende Licht der Sonne. So ist es mit meiner Vernunft. Kehre ich die Vernunft, die mir Licht ist, von allen Dingen ab, und richte sie auf Gott, dessen Licht ohne Unterlass als Gnade ausströmt, so wird meine Vernunft durch dieses Licht erleuchtet und in Liebe mit ihm vereint, und darin lernt meine Seele Gott lieben und erkennen, so wie er an sich selbst ist* (und nicht so, wie man ihn bloß beschreibt). *Ohne den Geist der Erkenntnis vermögen wir nichts. Ohne die Wirksamkeit Gottes ist Leib und*

Seele tot. Die Seele ist wie ein abgestorbener Baum und vermag keine Frucht zum Leben hervorzubringen; es sei denn die Gnade fortwährend in ihr mächtig. Darum kann die Seele selber nichts tun; des Menschen eigenes Wollen muss vielmehr aufhören und die Seele Gott in sich walten lassen. Dadurch wird der Wille in die Freiheit erhoben. Das ist eben das sichere Zeichen des Lichtes der Gnade in der Seele, wenn ein Mensch mit seinem freien Willen sich von vergänglichen Dingen ab und dem Ewigen, Gott, dem höchsten Guten zuwendet.[167)]

Sobald der Glaube erwacht, ist auch die Hoffnung schon da, und mit dem ersten Schimmer der geistigen Erkenntnis, welcher in die Seele eintritt, erscheint die Gewissheit des Besitzes, wo kein Zweifel mehr möglich ist.

Auf jener Stufe des Denkens, wo es nichts anderes umfasst, als das wahre Sein, ist nur dieses reine Wesen als einziger Inhalt, das Licht, welches in der Seele aufgeht. Wo wir selbst nicht mehr wollen und denken, da ist Gott das Wollende und Denkende in uns; sein Wille tritt an die Stelle unseres Selbstwillens und seine Fülle greift in uns Platz, sobald wir durch Austreibung des Selbstwahnes vollkommen leer geworden sind. Da hat sich der Mensch durch seinen freien Willen alles eigenen Wollens entschlagen. Ganz stille halten und ganz leer sein ist da das Allerbeste. Wohl möchte man zum Teil durch „sich" und zum Teil von Gott (dem wahren Selbst) *bereitet werden; aber das ist unmöglich. Du kannst nicht so schnell des Bereitens gedenken oder es begehren, dass nicht Gott Dir dennoch zuvor käme.*[168)]

Da Gott das wahre Selbst, alles und außer ihm nichts ist, so ist auch in Wirklichkeit nichts vorhanden, das sich mit ihm vereinigen könnte; denn es hat sich niemals irgendetwas von ihm getrennt. Der Mensch, ein Strahl der ewigen Sonne des Weltalls, hat sich ein „Scheinselbst" gebildet, und dieses Scheinselbst bildet sich ein, etwas von Gott Verschiedenes zu sein. Es handelt sich deshalb eigentlich nicht um eine Vereinigung von Gott und Mensch, die sich niemals getrennt haben, sondern nur darum, dass der Mensch den falschen Schein, die Täuschung, den Irrtum und Selbstbetrug überwindet, und dadurch zur Erkenntnis seines eigenen wahren Wesens, der Gottheit, gelangt.

Dass wir Gott nicht finden, daran ist schuld, dass wir ihn in Gleichnissen suchen, der doch kein Gleichnis hat. Würde die Seele sich selber erkennen, so würde sie auch Gott erkennen. Dass sich die Seele in Vorstellungen bewegt und ihren Gott in Vorstellungen fasst, das kommt davon her, dass sie sich selber nicht kennt und sich von Vorstellungen täuschen lässt. In die Gottheit versinkend, verliert die Seele alles objektive Wahrnehmen und erkennt sich selbst als alles. Wir sollen das ewige Wort verstehen, wie es von der Gottheit unmittelbar in die Seele gesprochen wird, und wie es in keine Worte gefasst werden kann. Was man in Worte fassen kann, ist allzu gering; von alledem unterrichtet das ewige Wort die Seele in einem Augenblick. Alle dogmatischen Vorstellungen sind nicht die Wahrheit selber. Alles, was man so in Worte fasst und in Bilder, ist nur eine Lockung zu Gott, eine Einladung an den Menschen, in sein eigenes wahres Selbstbewusstsein zu kommen. Wer sich mit bloßen Theorien, Hypothesen und Meinungen begnügen lässt und nicht selbst mit der Seele Kräften, mit Erkenntnis und Liebe weiter dringen will, der bleibt zurück.[169)]

Wer Herr über sein eigenes Denken werden will, der muss sich über sein eigenes Denken erheben, selber der Denker sein.

Das Denken und Wollen in Verstandesbegriffen reicht nicht an die Gottheit hinan. Das Wort fließt aus Gott und bleibt doch in Gott; alle Taten Gottes sind wundersam, unbegreiflich und unglaublich; wären sie begreiflich und glaublich, so wären sie nicht übermenschlich, nicht göttlich. Zum Erkennen des wahren Selbsts ist eine Erhebung der Seele über alle Verstandesbegriffe (und Hirngespinste) *erforderlich, und darin liegt die höchste Erkenntnis. Zum klaren Verständnisse und zum vernünftigen unterscheidenden Begreifen in Bildern und Formen kommen viele; aber deren gibt es wenige, die über diesen Standpunkt hinauskommen. Um so viel lieber ist auch Gott ein Mensch, der frei von allen selbstgemachten oder angelernten Vorstellungen ist, als hundert Tausend, die sich selbst gemessen in ihrer dialektischen Fertigkeit und damit die Einkehr Gottes in ihrer Seele hindern.*[170)]

Der Glaube entspringt der Vernunft; er wird aber fruchtbar im Willen, und der Wille wird fruchtbar durch den Glauben. So ist das Licht des Glaubens die Ursache jener Erhebung in das Unendliche. Die Vernunft empfängt von außen; sie hört und vernimmt; sie setzt Unterschiede voraus, ordnet, bestimmt. Wie sie ihre Aufgabe vollendet, soweit sie es vermag, so bleibt ihr noch ein Höchstes, das sie nicht ergründen kann; nur dass es ein höchstes (Ideal) *sei, weiß sie. Dies teilt sie nun in dem gemeinsamen Seelengrunde, nicht in ihrer Bestimmtheit, als Vernunft dem Willen mit. So erhebt sie den Willen über sich und versetzt ihn in jenes Höchste. Da stürzt sich der Wille in das Unbewusste, welches Gott selber ist. Weil der*

Glaube in diesem Sinne der tiefste Beweggrund des Willens ist, so wird er als das Innerlichste dem Gebote als einem äußerlichen Bestimmungsgrunde des Handelns entgegenge-setzt.[171)]

Wo es sich deshalb um die geistige Selbsterkenntnis, d. h. um die Erkenntnis der ewigen Wahrheit in sich selbst handelt, da ist es nicht um ein bloßes Wissen oder um die Befriedigung der wissenschaftlichen Neugierde, sondern um die Aufnahme der geistigen Kraft des göttlichen Selbstbewusstseins zu tun, welches die Nahrung der Seele ist. Diese Kraft, durch welche der Geist erstarkt und sich entfaltet und ausbreitet, ist für die Seele ebenso nötig, als es die materielle Nahrung für den materiellen Körper ist. Millionen Menschen, ungeachtet ihres Scheinwissens und ihrer Scheinmoral, verhungern, weil ihre Seele nicht die Nahrung erhält, die sie zu ihrem Leben und Wachstum bedarf. Deshalb sollte der Mensch lernen, dem Vergänglichen zu entsagen und sein Herz dem Göttlichen zuwenden, um dessen Licht und Kraft zu empfangen. Diese Entsagung, durch welche das Höchste erlangt wird, nennt man die „Buße".

Die rechte Buße allein befähigt uns, dass wir Gott wahrhaft in uns aufnehmen. Durch sie erkennen wir jegliche Sünde und erreichen es, dass Gott von allem, was wir an ihm suchen, einen Widerschein in uns findet.[172)]

Durch die Aufnahme des göttlichen Lichtes erlangt die Seele in dem unmittelbaren Eingehen in Gott (das göttliche Selbstbewusstsein) *eine volle Erkenntnis aller Dinge; sie bedarf dann keiner äußeren Beschreibung mehr; sie schaut nicht mehr in Bildern und Vorstellungen; sie ist nicht mehr gebunden an bestimmte Begriffe, noch an die Aussprüche der heiligen Schrift noch an irgend eines Menschen Lehre. Viel mehr als sie von außen erlangen könnte, trägt sie schon in sich und prägt es dann in allen Kräften aus, sodass Wille und Gedächtnis, wie die niederen Seelenkräfte, alle gleichmäßig Diener und Werkzeuge jenes höchsten Erkennens werden und das ganze Leben des Menschen ein göttliches Leben wird. Damit erlangt auch der Wille das unbegrenzte Vermögen, dass ihm alles möglich wird, und dass er das Empfangene in einem heiligen Leben ausprägen kann.*[173)]

So wird der innere Mensch durch die im Innersten erwachende Kraft der Erkenntnis durchdrungen, gestärkt und erleuchtet, und die Tugend des inneren durchleuchtet den äußeren Menschen wie die Glut das Eisen durchdringt, sodass schließlich sogar das Äußere mit dem Inneren in völligen Einklang kommt und der eine Gottmensch sein Bild in den menschlichen Persönlichkeiten widergespiegelt findet. Diese Kraft ist die Liebe.

Die Liebe ist dasselbe wie Gott, und so viel wir in der Liebe wohnen, so viel wohnen wir in Gott; sie verleiht allen Tugenden, dass sie den Namen Tugend (von „taugen") *führen können. Wo die* (selbstlose) *Liebe vorhanden ist, da wirkt sie Großes; wo nicht heilige und vollkommene Werke erscheinen, da muss auch die Liebe gering oder gar nicht vorhanden sein. Wenn die Seele um andere Tugenden eher bemüht wäre, als um die Liebe, so hätte sie überhaupt keine Tugend. In allen den Antrieben, in denen wir zur Liebe gereizt werden, da treibt uns nichts anderes, als der heilige Geist* (die Selbsterkenntnis). *Das Ziel, auf welches die Liebe alle ihre äußeren Wirkungen richtet, ist die Güte, und diese Güte ist Gott. Nichts kann gut heißen, es geschähe denn in der Liebe. Die Liebe aber soll rein* (selbstlos) *ledig und abgeschieden* (von Eigennutz) *sein; sie soll sich nicht richten auf „mich", noch auf irgendetwas außer sich, sondern allein auf die Güte und Gott* (das Selbst, welches alles umfasst). *Deshalb erstreckt sich die wahre Liebe auf alles in gleicher Weise. Was du liebst, das sollst du in Gott lieben; in ihm ist dein Nächster gerade so wie du selbst Gegenstand deiner* (selbstlosen) *Liebe.* (Du selbst bist das Selbst, welches die Liebe ist.) *Hast du dich selber lieb, so hast du alle Menschen lieb, gerade so wie dich selber. Solange du noch einen Menschen weniger lieb hast als dich selber, solange hast du dich selbst noch nicht in Wahrheit lieb.*[174)]

Diese Liebe zum wahren Selbst (Gott) kann sich nur dann völlig offenbaren, wenn die Seele von allem frei wird, was dem Nichtselbst, d. h. dem Scheinselbst angehört.

Die Seele muss sich von allem entblößen, was nicht zu ihrem Wesen gehört; sollen wir in den Grund Gottes eindringen, so müssen wir zu allererst in unseren eigenen Grund eingehen. Das ist die rechte Demut, dass ein Mensch sich bewusst bleibe, was er von Natur ist, ein aus Nichts geschaffenes Etwas (ein Nichts, das „Etwas" zu sein scheint), *dass er im Tun und Lassen nicht selber wähle, sondern die Erleuchtung durch die Gnade (das Licht des wahren Selbsts) abwarte, um im Tun und Lassen das Rechte zu finden; das ist die rechte Demut der Natur. Die Demut des Geistes aber ist, dass er alles Gute, was Gott in ihm tut, sich ebenso wenig zuschreibe oder zueigne, als er es tat, da er* (sein Scheinselbst) *nicht war.*[175)]

Wer sein Scheinselbst aufgibt, der begehrt auch nichts mehr, weder für sich selbst, noch für einen „anderen", er erlangt alles, ohne dass er es verlangt, und alle anderen empfangen es durch ihn; denn er ist alles selbst. Durch Ungeduld wird nichts erreicht; stellt sich aber die Geduld ein, so ist die Zufriedenheit auch schon da.

Die Geduld ist das Aufgeben des Eigenwillens und Eigensinnes, die schrankenlose und völlige Hingabe an Gott, die das Wesen der Tugend bildet. Was Gott dem Gerechten (d. h. dem Selbstlosen) *gibt, Krankheit oder Armut, oder was immer sonst, das hat er lieber als jedes andere, weil es Gott will. Wäre es nicht Gottes Wille* (Karma), *in demselben Augenblicke wäre es auch nicht. Sobald dir Gottes Wille gefällt, so bist du überall im Himmel, was dir* (deiner Person) *auch geschähe. Wir sollen Gott* (das wahre Selbst) *mit uns machen lassen, was er will, ganz als ob wir nicht wären. Gott soll in allem, was du bist, ebenso gewaltig sein, wie in seiner eigenen ungeschaffenen Natur. Wenn unser Wille Gott wird, das ist gut; aber wenn Gottes Wille unser Wille wird, das ist weit besser. Die Geduld macht alles Leiden süß und verwandelt das, was dem natürlichen Menschen die bitterste Pein ist, in die höchste Seligkeit, in die Gewissheit der Gegenwart Gottes in unserem Leiden; dass er mit uns leidet* (in uns „gekreuzigt" ist), *und dass wir leidend und entbehrend Gott näherkommen als in Freude und Bequemlichkeit.*[176)]

Yoga oder die Vereinigung des Menschen mit Gott, d. h. mit dem unsterblichen Selbst, besteht somit in nichts anderem, als dass der Mensch durch die Kraft des ihm innewohnenden göttlichen Selbsts, den durch die Täuschung der Form herbeigerufenen Selbstbetrug überwinde, sich zu seinem wahren Selbstbewusstsein durch diese innere Kraft emporheben und in seinem wahren Selbst Herr seiner „selbst", seiner Empfindungen und Gedanken, seines Wollens und Begehrens, seines Tuns und Lassens, mit anderen Worten, sein eigener Herr werde. Dies ist der Endzweck aller Religion und auch derjenige des Christentums, und deshalb wurde, ganz abgesehen von allen „historischen Tatsachen", der Mensch Jesus Christus als ein Vorbild aufgestellt, um uns an ihm ein Beispiel zu nehmen und uns nach ihm zu richten.

Christus allein (die Gottheit, die in der Menschheit als Gott erscheint) *ist unser Ende, dem wir nachfolgen, und unser Ziel, dem wir zustreben sollen, und mit dem wir vereinigt werden sollen in seiner ganzen Herrlichkeit, je nach dem Maße, in dem uns diese Vereinigung zugehört. Die echten Bekenner Gottes nehmen das Leben und die Lehre unseres Herrn Jesu Christi für sich zu einem* (idealen) *Vorbilde, um sich ohne Unterlass darin abzuspiegeln und alles ablegen zu können, was diesem herrlichen Vorbilde unähnlich ist* (und sie hindert, in ihm verwirklicht zu werden).[177)]

* * *

Diese Auszüge aus den Werken des christlichen Meisters J. Eckhart werden genügen, um anschaulich zu machen, dass die wahre christliche Lehre in ihrem innersten Wesen identisch mit der indischen Yogalehre ist. Dass aber die darin enthaltene Wahrheit von so wenigen begriffen wird, kommt davon her, dass, wie Sankaracharya sagt, so wenige die Fähigkeit besitzen, das dauernde Selbst (Gott) vom Nichtdauernden (der am Irdischen haftenden Persönlichkeit) zu unterscheiden. Viele hängen an einem äußerlichen Ideale, einem äußerlichen Erlöser, der das Produkt ihrer eigenen Vorstellung ist, und mit dem sie innerlich nichts gemein zu haben glauben, und hindern sich dadurch, das wahre Ideal in sich selbst zu verwirklichen, den wahren Erlöser in sich selber erwachen zu lassen.

Das aber ist der Zweck aller Religion und der Zweck unserer Reinkarnationen auf Erden dass der Mensch Herr über sein falsches eingebildetes Selbst werde, und den wahren Erlöser in sich selbst finde und eins mit seinem Gott und durch diesen eins mit dem Gott des Weltalls werde. Der Gott eines jeden Menschen aber, der ihn dem Gott des Weltalls näher bringen kann, ist seine eigene freie und unbeschränkte Individualität, welche „im Himmel" lebt, und dennoch auf Erden in seiner Persönlichkeit inkarniert ist. Deshalb heißt es auch, dass Jesus gesagt habe: *So viel Menschen auf Erden sind, so viel gibt es Götter im Himmel", und über allen diesen Göttern stehen der Götter „Väter".*[178)]

Dass der Mensch weder sein eigenes wahres Selbst noch dessen „Vater im Himmel" findet, daran ist die Schuld, dass er nichts von ihm wissen will, und dessen göttliche Erkenntnis (Theosophie) nicht in seinem Bewusstsein erwachen und zur Offenbarung gelangen lässt, sondern sich an äußere Ideale bindet, die ebenso vergänglich sind, wie er selbst.

Der Zweck der Theosophie ist, sich von der Vergänglichkeit aller äußerlichen Ideale (selbst der Vorstellung eines äußerlichen Erlösers) zu überzeugen, sich von ihnen freizumachen, und das wahre unvergängliche Ideal sich in uns verwirklichen zu lassen. Dieses Ideal ist „göttlich", d. h. frei, grenzenlos, unbeschränkt, formenlos, allgegenwärtig, über alle menschlichen Begriffe erhaben; es ist nicht an Zeit und Raum gebunden und deshalb unsterblich, erhaben über Leben und Tod. Es ist die Liebe, die Wahrheit, die Gerechtigkeit selbst, welche, wenn wir sie in uns zur Tat werden lassen, in uns zur Wirklichkeit und zum Wesen wird, und ihren Charakter schließlich auch dem äußeren Menschen aufdrückt, sodass auch der äußere Mensch als das, was er sein sollte, ein Ebenbild seines Gottes, erscheint.

Fußnoten

001) Charles Schmidt, „Studien".

002) Auszug aus Lassons Biographie von Eckhart.

003) Es braucht kaum bemerkt zu werden, dass die hier angeführten Definitionen von „Gottheit" und „Gott" nur einen negativen Wert haben, um anzudeuten, was Gott nicht ist, nicht aber um sich einen beschränkten Begriff von ihm zu machen.

004) Siehe Lotusblüten, Jahrgang I. „Die sieben Prinzipien."

005) Damit ist aber die symbolische Bedeutung des Kreuzes noch nicht erschöpft. Siehe „Magie".

006) Vergl. Eckhart, 287, 27. – 561, 23. – 252, 8. – 260, 17.

007) Eckhart, 379, 3. – 205, 33. – 233, 36. – 362, 22. – 66, 2. – 209, 26. – 266, 5. – 614, 35.

008) Eckhart, 198, 12. – 55, 44. – 14, 12.

009) Eckhart, 592, 11. – 584, 4 – 19.

010) Eckhart, 439, 11. – 204, 20. – 227, 34. – 198, 2. – 40, 8, 34. – 241, 11.

011) Eckhart, 307, 20. – 146, 8. – 331, 16. – 437, 37.

012) Eckhart, 331, 16. – 317, 28.

013) Eckhart, 381, 7. – 240, 19. – 655, 36. – 634, 3.

014) Eckhart, 56, 4. – 157. – 620, 33. – 222, 37.

015) Eckhart, 261, 15. – 89, 32. – 136, 40.

016) Eckhart, 71 – 74. – 22, 18.

017) Eckhart, 53, 11. – 353, 3.

018) Eckhart, 158, 83. – 480, 1. – 633, 18. – 189, 26.

019) Eckhart, 139, 40- – 267, 11. – 658, 21. – 582, 30. – 581, 23. – 671, 35. – 511, 29. – 349, 18.

020) Eckhart, 49, 19. – 14, 31.

021) Eckhart, 431, 1- – 435, 22.

022) Eckhart, 190, 29. – 199, 12. – 467, 10.

023) Eckhart, 86. – 307, 12. – 570, 30. – 13—15. – 264, 5. – 24, 31. – 304, 9, 33. – 102, 15. – 25.

024) Eckhart, 222, 29. – 298, l6. – 12, 8. – 66, 22. – 223, 8. – 487, 10. – 574, 36.

025) Eckhart, 204, 38. – 555. – 570, 30. – 311, 39.

026) Eckhart, 152. – 15. – 486, 35. – 222, 12.

027) Eckhart, 281, 35. – 283, 37. – 310, 25. – 532, 3. – 503, 1.

028) Eckhart, 658, 24. – 258, 29. – 106, 37. – 242, 1. – 462, 21. – 536, 36.

029) Eckhart, 101, 19. – 110, 28. – 105, 10. – 266, 32. – 110, 26. – 479 – 481. – 401, 16.

030) H. P. Blavatsky, „Theosophical Glossary".

031) Lasson, „Meister Eckhart".

032) Eckhart 91, 2.

033) Eckhart 448.

034) Eckhart 531, 25. – 113, 24. – 226, 31.

035) Eckhart 467, 6. – 566, 35.

036) Eckhart, 206, 15.

037) Eckhart, 127, 25.

038) Eckhart, 185, 1.

039) Eckhart, 586, 21.

040) Eckhart, 121, 9.

041) Eckhart, 625, 25.

042) Eckhart, 10, 14.

043) Eckhart, 109, 32.

044) Eckhart, 586, 14.

045) Eckhart, 12.

046) Eckhart, 70, 16.

047) Eckhart, 147, 18.

048) Eckhart, 177, 2.

049) Eckhart, 190, 17.

050) Eckhart, 517, 22.

051) Eckhart, 453, 8.

052) Eckhart, 454, 5.

053) Eckhart, 558, 3.

054) Eckhart, 451, 11.

055) Eckhart, 557, 14.

056) Eckhart, 603, 9.

057) Eckhart, 240, 8.

058) Eckhart, 357.

059) Eckhart, 359.

060) Eckhart, 239, 32.

061) Eckhart, 544, 27.

062) Eckhart, 54, 24.

063) Eckhart, 57, 22.

064) Eckhart, 544.

065) Eckhart, 612, 12.

066) Eckhart, 307, 20.

067) Eckhart, 280, 4.

068) Eckhart, 146, 8.

069) Eckhart, 513, 38.

070) Eckhart, 91, 31.

071) Eckhart, 317, 28.

072) Eckhart, 599, 26.

073) Eckhart, 356, 16.

074) Eckhart, 349, 32.

075) Eckhart, 239, 26.

076) Eckhart, 592, 26.

077) Eckhart, 391, 15.

078) Eckhart, 678, 36.

079) Eckhart, 591, 34.

080) Eckhart, 289, 9.

081) Eckhart, 514, 34.

082) Eckhart, 674, 2.

083) Eckhart, 250, 23.

084) Eckhart, 497, 11.085)

Eckhart, 167, 9.

086) Eckhart, 286, 21.

087) Eckhart, 293, 8.

088) Eckhart, 583, 32.

089) Eckhart, 117, 1.

090) Eckhart, 244, 31.

091) Eckhart, 158, 12.

092) Eckhart, 639, 18.

093) Eckhart, 413, 32.

094) Eckhart, 386, 28.

095) Eckhart, 610, 29.

096) Eckhart, 273, 5.

097) Eckhart, 466, 24.

098) Eckhart, 613, 13.

099) Eckhart, 321, 14.

100) Eckhart, 389, 24.

101) Eckhart, 83, 7.

102) Eckhart, 201, 32.

103) Eckhart, 614, 1.

104) Eckhart, 57, 23. – 297, 23. – 156, 20. – 142, 38. – 98, 18. – 6o, 4. – 105, 13. – 121, 35. – 162, 8. – 222, 24. – 297, 23, 34.

105) „Er ist Brahm. Er ist auch der ganze Körper und die Seele, er ist die Grenze und das Ende von allem. Ihm ist nicht das verschiedenartige Wissen; er ist die Form des Wissens, welches alles umfasst; er ist allgegenwärtig, er selbst ist von sich selbst (und von nichts, das nicht er selbst ist) erfüllt. Die Nichtwissenden wähnen, er sei nicht; das Nichtsein kommt ihm nicht zu; er ist ewig, ihn können sie nicht das Nennen und nicht das Nennende und nicht das Genannte nennen; denn alles Nennen ist von ihm; er ist alles; er ist von allen Eigenschaften frei und unabhängig; es steht kein höheres Wesen über ihm; er ist erhabener als alles Erhabene; er tritt nicht in das Denken ein und es gibt keinen Menschen, welcher ihn nicht (wenn er ihn erkennt) als das Wahre erkennt. Die Wissenden erkennen ihn als den Ursprung aller Dinge, das große Licht." (Atharva-Veda.)

106) Eckhart, 262, 37. – 188, 29. – 269, 35. – 527, 12.

107) Eckhart, 39, 33. – 144, 32. – 59, 16. – 99, 4, 12. – 540, 17, 26. –

108) Eckhart, 263, 10. – 282, 30. – 268, 35. – 82, 28. – 283, 38. – 659, 17. – 590, 24. – 108, 31. – 318, 31.

109) Der Herr, der in den Herzen von allen wohnt, bringt beständig alle Dinge durch seine Allmacht nach ewigen unabänderlichen Gesetzen hervor. Nimm deine Zuflucht in ihm mit deinem ganzen "Wesen. Dann wirst du durch seine Stärke den höchsten Frieden, das göttliche Dasein erlangen." (Bhagavad Gita, XVIII, 61, 62.)

110) Eckhart, 380, 28. – 560, 30. – 321, 6. – 525, 31. – 532, 30. – 527, 23. – 389, 2. – 528, 24. – 529, 3. – 517, 2.

111) Sobald in dem Selbst die Selbsterkenntnis eintritt, so ist das Selbst keine Einheit mehr, sondern eine Dreieinigkeit, in welcher das erkennende Selbst, das erkannte Selbst und die Selbsterkenntnis zu unterscheiden ist.

112) Eckhart, 390, 14. – 699, 19. – 681, 30. – 513, 9.

113) Eckhart, 630, 30. – 515, 27. – 497, 30. – 668. – 388.

114) Eckhart, 530, 37. – 681, 32.

115) Eckhart, 528, 24. – 608, 9.

116) Eckhart, 580, 13. – 336, 19. – 534, 18.

117) „Wer mich, den mächtigen Herrn der Welt, erkennt, der ich ungeboren und ohne Anfang bin, der wandelt ohne Irrtum unter den Sterblichen und ist frei von Sünde. Wer diese meine göttliche Erhabenheit erkennt, der hat die Einheit des Seins durch seine Ergebung in mich erlangt." (Bhagavad Gita, X, 3, 7.)

118) Eckhart, 421, 1. – 285, 15. – 673, 1. _ 670, 5. _ 160, 15. – 120, 28. – 336, 31. – 250, 25. – 437, 27. – 672, 27. – 528, 35. – 540, 36. _ 387, 38.

119) Eckhart, 134, 29. – 507, 12. – 124, 29. – 11, 34. – 169, 24. – 313, 32. – 112, 33.

120) Eckhart, 401, 5. – 104, 30. – 159, 30. – 9, 39. – 401, 15. – 266, 5. – 101, 3.

121) Eckhart, 167, 9. – 286, 21. – 290, 34.

122) Eckhart, 483, 24. – 14, 19. – 620, 29.

123) Eckhart, 378, 36. – 497, 20. – 498, 10.

124) Eckhart, 241, 8. – 503, 26. – 101, 35- – 534, 22. – 528, 36. – 497, 32.

125) Eckhart, 254, 15. – 379, 32. – 180, 8. – 579, 7. – 589, 6.

126) Eckhart, 437, 30. – 266, 27. – 207, 1. – 487, 11. – 321, 8. – 7, 38.

127) Eckhart, 325, 4. – 321, 11.

128) Dies ist in Kap. X der Bhagavad Gita beschrieben.

129) Eckhart, 273, 5. – 541, 12. – 529, 34. – 540, 3. – 333, 10. – 322, 22. – 391, 14. – 83, 7. – 83, 16. – 10, 36. – 389, 24. – 514, 29. – 272. – 512, 12.

130) Eckhart, 531. – 96, 25. – 162, 38. – 441, 36. – 188, 1. – 254. 1.

131) „Es ist daher notwendig, dass du die Beziehungen zu dieser als Wahrheit erscheinenden Täuschung (der Eigenheit), die du dir eingebildet und an dein Herz gebunden hast, aufgibst, und ohne Beziehungen, und ohne dein Herz an diese gebunden zu haben, dich lossagst von allen Handlungen, Freuden und Genüssen, welche du begehrst. Die Welt und die Schätze, aus was und von wem wurden sie? Man sieht, dass sie von einem zum andern kommen. Und wenn du nicht Herr über diese Auffassung und diesen Zustand sein solltest, so wisse, dass Name und Gestalt in Atma sind, und dass außer Atma (Selbst) nichts besteht.“ (Dschedir-Veda.)

132) Eckhart, 38, 25. – 167, 9. – 14, 19.

133) Eckhart, 153, 21. – 132, 30. – 229, 1. – 304, 8. – 89, 23. – 255, 3. – 257, 11.

134) Eckhart, 220, 35. – 270, 40. – 270, 26. – 98, 27. – 273, 37. – 206, 10. – 106, 30. – 108, 13. – 121, 17.

135) Eckhart, 591, 23. – 214, 24. – 671, 1. – 496, 20. – 282, 15. – 127, 6. – 251, 2. – 288, 19.

136) Eckhart, 199, 25. – 595. 20. – 11, 31. – 79, 6. – 113, 33. – 306, 8. – 255, 20. – 180, 32. – 264, 27.

137) „Derjenige, dessen Seele durch die Ergebung in Mich mit Brahma vereinigt ist, sieht alles in Einem; er siehe die Seele in Allem und alles in der Seele (dem Selbst). Wer Mich in Allem sieht, sieht alles in Mir; ich verlasse ihn nicht und er verlässt mich nicht. Wer Mich in jedem Wesen erkennt, wohnt in Mir.“ (Bhagavad Gita, VI, 29.)

138) Eckhart, 83, 17. – 107, 38. – 136, 23. – 222, 34.

139) Eckhart, 612, 15. – 206, 35. – 268, 10.

140) Je mehr ein Mensch in seinem Eigendünkel sich einbildet, gottähnlich und ein „Übermensch“ zu sein, um so größer steht er vor allen Verständigen da – als ein Narr.

141) Eckhart, 389. 7. – 254, 1.

142) Eckhart, 529, 17. – 93. 13. – 92, 93. – 503, 22. – 531, 7.

143) Eckhart, 142, 3, 15. – 439, 26. – 26, 17. – 180, 12. – 268, 8. – 582, 2. – 173, 7. – 439, 20. – 31, 6. – 143, 19. – 301, 3. – 332, 40. –

144) Eckhart, 152, 27. – 657, 22. – 154, 19. – 620, 14. – 657, 23.

145) Eckhart, 333, 31. – 402, 32. – 459, 16. – 273, 10. – 587, 33. – 522, 3. – 390, 38.

146) Siehe „Lotusblüten" I, „Grundriss der Geheimlehre des Ostens, mitgeteilt von H. P. Blavatsky", und Subba Row's „Vorträge über die Bhagavad Gita".

147) Eckhart, 104, 1. – 159, 36. – 655, 38. – 682, 40. – 322, 2.

148) Eckhart, 103, 24. – 162, 2. – 133, 28. – 639, 12.

149) Eckhart, 658, 2. – 652, 12. – 674, 2. – 467, 9. – 496, 29. – 519, 11. – 260, 24. – 511, 23.

150) Eckhart, 136, 34. – 394, 10. – 395, 12. – 179, 25. – 413, 21. – 467, 13. – 230, 36. – 207, 3. – 318, 1.

151) Eckhart, 619, 13. – 589, 25. – 266, 4. – 285, 14. – 157. – 588, 37. – 283, 37.

152) Siehe: F. Hartmann, „Weiße oder schwarze Magie, oder das Gesetz des Geistes in der Natur".

153) Eckhart, 352, 18. – 589, 17. – 530, 39. – 533, 5. – 180, 22. – 181, 14.

154) Eckhart, 497, 11.

155) Eckhart, 92, 5. – 527, 32. – 497, 23.

156) Eckhart, 201, 32. – 218, 17. – 27, 28. – 614, 1. – 179. 35. – 287, 29. – 570, 22. – 60, 10. – 141, 33.

157) Eckhart, 495, 22. – 146, 10.

158) Eckhart, 34, 10.

159) Eckhart, 58, 8. – 62, 15. – 66, 7.

160) Siehe Anmerkung am Ende.

161) Eckhart, 242, 28. – 102, 13.

162) Eckhart, 469, 6, 24. – 513, 9. – 513, 12. – 475, 35. – 406, 34. – 591, 11. – 566, 39.

163) Eckhart, 29, 12.

164) Eckhart, 395, 20.

165) „Es gibt vier Klassen von Menschen, die in Mir ihre Zuflucht suchen; nämlich die Bedrängten; die nach der Wahrheit Strebenden; diejenigen, welche die Liebe zum Guten leitet, und die Weisen (Selbsterkennenden). Von diesen ist der Weise, welcher in ununterbrochener Ergebung sich gänzlich dem Einen weiht, der Vorzüglichste; denn der Weise liebt Mich über alles und Ich liebe ihn." (Bhagavad Gita, VII, 16.)

166) Eckhart, 200, 35.

167) Eckhart, 446, 16. – 217, 40. – 229, 21. – 273, 38. – 364, 11. – 366, 31. – 77, 27. – 385, 6.

168) Eckhart, 27, 15.

169) Eckhart, 513. 31. – 76. – 469, 6, 24. – 513, 9.

170) Eckhart, 206, 29. – 513, 12.

171) Eckhart, 384, 7. – 521, 30. – 439, 3.

172) Eckhart, 659, 27.

173) Eckhart, 242, 26. – 37, 18. – 667, 34.

174) Eckhart, 377, 39. – 606, 33. – 378, 17. – 352, 35. – 61, 4. – 208, 26. – 310, 9.

175) Eckhart, 225, 31. – 295, 21.

176) Eckhart, 146, 32. – 293, 31. – 55, 5. – 426. – 435. – 441.

177) Eckhart, 295, 7. – 478, 6.

178) Die Geheimlehre sagt in Bezug auf die Väter der Götter folgendes: „Der Herr des Weltalls (Brahma) hatte „sieben Söhne“, d. h. die geistige Sonne des Weltalls (der Logos) offenbarte sich in sieben Strahlen oder Söhnen des Lichts (Dhyani Buddhas). Aus diesen entsprangen deren Chayyas (Schatten), die himmlischen Bodhisattvas, die Prototypen der irdischen Bodhisattvas und Buddhas, und schließlich die (geistigen) Menschen. Diese „sieben Söhne des Lichtes“ werden auch die sieben „Sterne“ genannt (und jeder Mensch ist der Abkömmling eines solchen Sternes, er gehört zur Familie eines dieser sieben Söhne).“ „Der Stern, unter welchem eine menschliche Einheit geboren ist, bleibt sein Stern durch alle seine Inkarnationen (sein höheres Selbst) in einem Manvantara. Dies ist aber nicht sein astrologischer Stern; der Letztere bezieht sich nur auf seine Persönlichkeit (Karma), der Erstere auf seine (geistige) Individualität. Der „Engel“ dieses Sternes oder der Dhyani Buddha ist entweder der leitende oder nur der vorstehende „Engel“ bei jeder neuen Wiedergeburt der Monade, welche ein Teil des eigenen Wesens dieses Engels ist, wenn auch dessen Gefäß, der Mensch, nichts davon weiß. Jeder Adept hat seinen Dhyani Buddha oder „ältere Zwillingsseele“ (Seelenbräutigam.) und ist sich dessen bewusst. Er nennt sie die „Vaterseele“ und „Vaterfeuer“ (oder den „Vater im Himmel“). „Infolge dieser, der ganzen Menschheit zugrunde liegenden siebenfältigen Offenbarung der alleinigen Wesenheit besteht die ganze Menschheit aus sieben von einander verschiedenen Klassen mit ihren Unterabteilungen, und jede Menschenseele gehört einer von diesen sieben Klassen oder Offenbarungen des Einen an. Dies war stets allen Initiierten bekannt, und deshalb sagt Jesus: „Ich und mein Vater sind Eins“ (Johannes, X, 30); „Ich kehre zu meinem Vater zurück“ usw.. Diejenigen Menschen, welche aus demselben göttlichen Lichtstrahle entsprungen sind, sind sich geistig verwandt. Deshalb hat auch jede Klasse von Adepten ihre eigene „Gemeinschaft der Seele“ und der einzige Weg, einer solchen „Bruderschaft“ beizutreten, ist, dass jeder sich unter den Einfluss desjenigen Lichtes bringt, welches seinem eigenen Logos entspringt.“ („The Secret Doctrine“, pag. 572.)